French Verb
Conjugation Workbook

_____

_____

_____

Verb

je _____   nous _____

tu _____   vous _____

il/elle/on _____   ils/elles _____

- ☐ Present
- ☐ Imperfect
- ☐ Future
- ☐ Conditional
- ☐ Subjunctive

Verb

je _____   nous _____

tu _____   vous _____

il/elle/on _____   ils/elles _____

- ☐ Present
- ☐ Imperfect
- ☐ Future
- ☐ Conditional
- ☐ Subjunctive

Verb

je _____   nous _____

tu _____   vous _____

il/elle/on _____   ils/elles _____

- ☐ Present
- ☐ Imperfect
- ☐ Future
- ☐ Conditional
- ☐ Subjunctive

Verb

je _____   nous _____

tu _____   vous _____

il/elle/on _____   ils/elles _____

- ☐ Present
- ☐ Imperfect
- ☐ Future
- ☐ Conditional
- ☐ Subjunctive

Verb

je _____ nous _____

tu _____ vous _____

il/elle/on _____ ils/elles _____

- [ ] Present
- [ ] Imperfect
- [ ] Future
- [ ] Conditional
- [ ] Subjunctive

Verb

je _____ nous _____

tu _____ vous _____

il/elle/on _____ ils/elles _____

- [ ] Present
- [ ] Imperfect
- [ ] Future
- [ ] Conditional
- [ ] Subjunctive

Verb

je _____ nous _____

tu _____ vous _____

il/elle/on _____ ils/elles _____

- [ ] Present
- [ ] Imperfect
- [ ] Future
- [ ] Conditional
- [ ] Subjunctive

Verb

je _____ nous _____

tu _____ vous _____

il/elle/on _____ ils/elles _____

- [ ] Present
- [ ] Imperfect
- [ ] Future
- [ ] Conditional
- [ ] Subjunctive

Verb

je _____ nous _____

tu _____ vous _____

il/elle/on _____ ils/elles _____

- [ ] Present
- [ ] Imperfect
- [ ] Future
- [ ] Conditional
- [ ] Subjunctive

Verb

je _____ nous _____

tu _____ vous _____

il/elle/on _____ ils/elles _____

- [ ] Present
- [ ] Imperfect
- [ ] Future
- [ ] Conditional
- [ ] Subjunctive

Verb

je _____ nous _____

tu _____ vous _____

il/elle/on _____ ils/elles _____

- [ ] Present
- [ ] Imperfect
- [ ] Future
- [ ] Conditional
- [ ] Subjunctive

Verb

je _____ nous _____

tu _____ vous _____

il/elle/on _____ ils/elles _____

- [ ] Present
- [ ] Imperfect
- [ ] Future
- [ ] Conditional
- [ ] Subjunctive

Verb

je _____   nous _____

tu _____   vous _____

il/elle/on _____   ils/elles _____

- ☐ Present
- ☐ Imperfect
- ☐ Future
- ☐ Conditional
- ☐ Subjunctive

Verb

je _____   nous _____

tu _____   vous _____

il/elle/on _____   ils/elles _____

- ☐ Present
- ☐ Imperfect
- ☐ Future
- ☐ Conditional
- ☐ Subjunctive

Verb

je _____   nous _____

tu _____   vous _____

il/elle/on _____   ils/elles _____

- ☐ Present
- ☐ Imperfect
- ☐ Future
- ☐ Conditional
- ☐ Subjunctive

Verb

je _____   nous _____

tu _____   vous _____

il/elle/on _____   ils/elles _____

- ☐ Present
- ☐ Imperfect
- ☐ Future
- ☐ Conditional
- ☐ Subjunctive

Verb

je _____   nous _____

tu _____   vous _____

il/elle/on _____   ils/elles _____

- ☐ Present
- ☐ Imperfect
- ☐ Future
- ☐ Conditional
- ☐ Subjunctive

Verb

je _____   nous _____

tu _____   vous _____

il/elle/on _____   ils/elles _____

- ☐ Present
- ☐ Imperfect
- ☐ Future
- ☐ Conditional
- ☐ Subjunctive

Verb

je _____   nous _____

tu _____   vous _____

il/elle/on _____   ils/elles _____

- ☐ Present
- ☐ Imperfect
- ☐ Future
- ☐ Conditional
- ☐ Subjunctive

Verb

je _____   nous _____

tu _____   vous _____

il/elle/on _____   ils/elles _____

5

- ☐ Present
- ☐ Imperfect
- ☐ Future
- ☐ Conditional
- ☐ Subjunctive

Verb

je _____ nous _____

tu _____ vous _____

il/elle/on _____ ils/elles _____

- ☐ Present
- ☐ Imperfect
- ☐ Future
- ☐ Conditional
- ☐ Subjunctive

Verb

je _____ nous _____

tu _____ vous _____

il/elle/on _____ ils/elles _____

- ☐ Present
- ☐ Imperfect
- ☐ Future
- ☐ Conditional
- ☐ Subjunctive

Verb

je _____ nous _____

tu _____ vous _____

il/elle/on _____ ils/elles _____

- ☐ Present
- ☐ Imperfect
- ☐ Future
- ☐ Conditional
- ☐ Subjunctive

Verb

je _____ nous _____

tu _____ vous _____

il/elle/on _____ ils/elles _____

- ☐ Present
- ☐ Imperfect
- ☐ Future
- ☐ Conditional
- ☐ Subjunctive

Verb

je _____ nous _____

tu _____ vous _____

il/elle/on _____ ils/elles _____

- ☐ Present
- ☐ Imperfect
- ☐ Future
- ☐ Conditional
- ☐ Subjunctive

Verb

je _____ nous _____

tu _____ vous _____

il/elle/on _____ ils/elles _____

- ☐ Present
- ☐ Imperfect
- ☐ Future
- ☐ Conditional
- ☐ Subjunctive

Verb

je _____ nous _____

tu _____ vous _____

il/elle/on _____ ils/elles _____

- ☐ Present
- ☐ Imperfect
- ☐ Future
- ☐ Conditional
- ☐ Subjunctive

Verb

je _____ nous _____

tu _____ vous _____

il/elle/on _____ ils/elles _____

- ☐ Present
- ☐ Imperfect
- ☐ Future
- ☐ Conditional
- ☐ Subjunctive

Verb

je _____   nous _____

tu _____   vous _____

il/elle/on _____   ils/elles _____

- ☐ Present
- ☐ Imperfect
- ☐ Future
- ☐ Conditional
- ☐ Subjunctive

Verb

je _____   nous _____

tu _____   vous _____

il/elle/on _____   ils/elles _____

- ☐ Present
- ☐ Imperfect
- ☐ Future
- ☐ Conditional
- ☐ Subjunctive

Verb

je _____   nous _____

tu _____   vous _____

il/elle/on _____   ils/elles _____

- ☐ Present
- ☐ Imperfect
- ☐ Future
- ☐ Conditional
- ☐ Subjunctive

Verb

je _____   nous _____

tu _____   vous _____

il/elle/on _____   ils/elles _____

- ☐ Present
- ☐ Imperfect
- ☐ Future
- ☐ Conditional
- ☐ Subjunctive

Verb

je _____ nous _____

tu _____ vous _____

il/elle/on _____ ils/elles _____

☐ Present
☐ Imperfect
☐ Future
☐ Conditional
☐ Subjunctive

Verb

je _____ nous _____

tu _____ vous _____

il/elle/on _____ ils/elles _____

☐ Present
☐ Imperfect
☐ Future
☐ Conditional
☐ Subjunctive

Verb

je _____ nous _____

tu _____ vous _____

il/elle/on _____ ils/elles _____

☐ Present
☐ Imperfect
☐ Future
☐ Conditional
☐ Subjunctive

Verb

je _____ nous _____

tu _____ vous _____

il/elle/on _____ ils/elles _____

☐ Present
☐ Imperfect
☐ Future
☐ Conditional
☐ Subjunctive

9

Verb

je _____   nous _____

tu _____   vous _____

il/elle/on _____   ils/elles _____

- ☐ Present
- ☐ Imperfect
- ☐ Future
- ☐ Conditional
- ☐ Subjunctive

Verb

je _____   nous _____

tu _____   vous _____

il/elle/on _____   ils/elles _____

- ☐ Present
- ☐ Imperfect
- ☐ Future
- ☐ Conditional
- ☐ Subjunctive

Verb

je _____   nous _____

tu _____   vous _____

il/elle/on _____   ils/elles _____

- ☐ Present
- ☐ Imperfect
- ☐ Future
- ☐ Conditional
- ☐ Subjunctive

Verb

je _____   nous _____

tu _____   vous _____

il/elle/on _____   ils/elles _____

- ☐ Present
- ☐ Imperfect
- ☐ Future
- ☐ Conditional
- ☐ Subjunctive

Verb

je _____ nous _____

tu _____ vous _____

il/elle/on _____ ils/elles _____

- [ ] Present
- [ ] Imperfect
- [ ] Future
- [ ] Conditional
- [ ] Subjunctive

Verb

je _____ nous _____

tu _____ vous _____

il/elle/on _____ ils/elles _____

- [ ] Present
- [ ] Imperfect
- [ ] Future
- [ ] Conditional
- [ ] Subjunctive

Verb

je _____ nous _____

tu _____ vous _____

il/elle/on _____ ils/elles _____

- [ ] Present
- [ ] Imperfect
- [ ] Future
- [ ] Conditional
- [ ] Subjunctive

Verb

je _____ nous _____

tu _____ vous _____

il/elle/on _____ ils/elles _____

- [ ] Present
- [ ] Imperfect
- [ ] Future
- [ ] Conditional
- [ ] Subjunctive

11

Verb

je _____   nous _____

tu _____   vous _____

il/elle/on _____   ils/elles _____

- ☐ Present
- ☐ Imperfect
- ☐ Future
- ☐ Conditional
- ☐ Subjunctive

Verb

je _____   nous _____

tu _____   vous _____

il/elle/on _____   ils/elles _____

- ☐ Present
- ☐ Imperfect
- ☐ Future
- ☐ Conditional
- ☐ Subjunctive

Verb

je _____   nous _____

tu _____   vous _____

il/elle/on _____   ils/elles _____

- ☐ Present
- ☐ Imperfect
- ☐ Future
- ☐ Conditional
- ☐ Subjunctive

Verb

je _____   nous _____

tu _____   vous _____

il/elle/on _____   ils/elles _____

- ☐ Present
- ☐ Imperfect
- ☐ Future
- ☐ Conditional
- ☐ Subjunctive

Verb

je _____   nous _____

tu _____   vous _____

il/elle/on _____   ils/elles _____

- [ ] Present
- [ ] Imperfect
- [ ] Future
- [ ] Conditional
- [ ] Subjunctive

Verb

je _____   nous _____

tu _____   vous _____

il/elle/on _____   ils/elles _____

- [ ] Present
- [ ] Imperfect
- [ ] Future
- [ ] Conditional
- [ ] Subjunctive

Verb

je _____   nous _____

tu _____   vous _____

il/elle/on _____   ils/elles _____

- [ ] Present
- [ ] Imperfect
- [ ] Future
- [ ] Conditional
- [ ] Subjunctive

Verb

je _____   nous _____

tu _____   vous _____

il/elle/on _____   ils/elles _____

- [ ] Present
- [ ] Imperfect
- [ ] Future
- [ ] Conditional
- [ ] Subjunctive

Verb

je _____ nous _____

tu _____ vous _____

il/elle/on _____ ils/elles _____

- ☐ Present
- ☐ Imperfect
- ☐ Future
- ☐ Conditional
- ☐ Subjunctive

Verb

je _____ nous _____

tu _____ vous _____

il/elle/on _____ ils/elles _____

- ☐ Present
- ☐ Imperfect
- ☐ Future
- ☐ Conditional
- ☐ Subjunctive

Verb

je _____ nous _____

tu _____ vous _____

il/elle/on _____ ils/elles _____

- ☐ Present
- ☐ Imperfect
- ☐ Future
- ☐ Conditional
- ☐ Subjunctive

Verb

je _____ nous _____

tu _____ vous _____

il/elle/on _____ ils/elles _____

- ☐ Present
- ☐ Imperfect
- ☐ Future
- ☐ Conditional
- ☐ Subjunctive

Verb

je _____ nous _____

tu _____ vous _____

il/elle/on _____ ils/elles _____

- [ ] Present
- [ ] Imperfect
- [ ] Future
- [ ] Conditional
- [ ] Subjunctive

Verb

je _____ nous _____

tu _____ vous _____

il/elle/on _____ ils/elles _____

- [ ] Present
- [ ] Imperfect
- [ ] Future
- [ ] Conditional
- [ ] Subjunctive

Verb

je _____ nous _____

tu _____ vous _____

il/elle/on _____ ils/elles _____

- [ ] Present
- [ ] Imperfect
- [ ] Future
- [ ] Conditional
- [ ] Subjunctive

Verb

je _____ nous _____

tu _____ vous _____

il/elle/on _____ ils/elles _____

- [ ] Present
- [ ] Imperfect
- [ ] Future
- [ ] Conditional
- [ ] Subjunctive

Verb

je _____ nous _____

tu _____ vous _____

il/elle/on _____ ils/elles _____

- ☐ Present
- ☐ Imperfect
- ☐ Future
- ☐ Conditional
- ☐ Subjunctive

Verb

je _____ nous _____

tu _____ vous _____

il/elle/on _____ ils/elles _____

- ☐ Present
- ☐ Imperfect
- ☐ Future
- ☐ Conditional
- ☐ Subjunctive

Verb

je _____ nous _____

tu _____ vous _____

il/elle/on _____ ils/elles _____

- ☐ Present
- ☐ Imperfect
- ☐ Future
- ☐ Conditional
- ☐ Subjunctive

Verb

je _____ nous _____

tu _____ vous _____

il/elle/on _____ ils/elles _____

- ☐ Present
- ☐ Imperfect
- ☐ Future
- ☐ Conditional
- ☐ Subjunctive

Verb

je _____ nous _____

tu _____ vous _____

il/elle/on _____ ils/elles _____

- ☐ Present
- ☐ Imperfect
- ☐ Future
- ☐ Conditional
- ☐ Subjunctive

Verb

je _____ nous _____

tu _____ vous _____

il/elle/on _____ ils/elles _____

- ☐ Present
- ☐ Imperfect
- ☐ Future
- ☐ Conditional
- ☐ Subjunctive

Verb

je _____ nous _____

tu _____ vous _____

il/elle/on _____ ils/elles _____

- ☐ Present
- ☐ Imperfect
- ☐ Future
- ☐ Conditional
- ☐ Subjunctive

Verb

je _____ nous _____

tu _____ vous _____

il/elle/on _____ ils/elles _____

- ☐ Present
- ☐ Imperfect
- ☐ Future
- ☐ Conditional
- ☐ Subjunctive

17

Verb

je _____ nous _____

tu _____ vous _____

il/elle/on _____ ils/elles _____

- ☐ Present
- ☐ Imperfect
- ☐ Future
- ☐ Conditional
- ☐ Subjunctive

Verb

je _____ nous _____

tu _____ vous _____

il/elle/on _____ ils/elles _____

- ☐ Present
- ☐ Imperfect
- ☐ Future
- ☐ Conditional
- ☐ Subjunctive

Verb

je _____ nous _____

tu _____ vous _____

il/elle/on _____ ils/elles _____

- ☐ Present
- ☐ Imperfect
- ☐ Future
- ☐ Conditional
- ☐ Subjunctive

Verb

je _____ nous _____

tu _____ vous _____

il/elle/on _____ ils/elles _____

- ☐ Present
- ☐ Imperfect
- ☐ Future
- ☐ Conditional
- ☐ Subjunctive

Verb

je _____ nous _____

tu _____ vous _____

il/elle/on _____ ils/elles _____

- ☐ Present
- ☐ Imperfect
- ☐ Future
- ☐ Conditional
- ☐ Subjunctive

Verb

je _____ nous _____

tu _____ vous _____

il/elle/on _____ ils/elles _____

- ☐ Present
- ☐ Imperfect
- ☐ Future
- ☐ Conditional
- ☐ Subjunctive

Verb

je _____ nous _____

tu _____ vous _____

il/elle/on _____ ils/elles _____

- ☐ Present
- ☐ Imperfect
- ☐ Future
- ☐ Conditional
- ☐ Subjunctive

Verb

je _____ nous _____

tu _____ vous _____

il/elle/on _____ ils/elles _____

- ☐ Present
- ☐ Imperfect
- ☐ Future
- ☐ Conditional
- ☐ Subjunctive

Verb

je _____   nous _____

tu _____   vous _____

il/elle/on _____ ils/elles _____

- ☐ Present
- ☐ Imperfect
- ☐ Future
- ☐ Conditional
- ☐ Subjunctive

Verb

je _____   nous _____

tu _____   vous _____

il/elle/on _____ ils/elles _____

- ☐ Present
- ☐ Imperfect
- ☐ Future
- ☐ Conditional
- ☐ Subjunctive

Verb

je _____   nous _____

tu _____   vous _____

il/elle/on _____ ils/elles _____

- ☐ Present
- ☐ Imperfect
- ☐ Future
- ☐ Conditional
- ☐ Subjunctive

Verb

je _____   nous _____

tu _____   vous _____

il/elle/on _____ ils/elles _____

- ☐ Present
- ☐ Imperfect
- ☐ Future
- ☐ Conditional
- ☐ Subjunctive

Verb

je _____ nous _____

tu _____ vous _____

il/elle/on _____ ils/elles _____

- ○ Present
- ○ Imperfect
- ○ Future
- ○ Conditional
- ○ Subjunctive

Verb

je _____ nous _____

tu _____ vous _____

il/elle/on _____ ils/elles _____

- ○ Present
- ○ Imperfect
- ○ Future
- ○ Conditional
- ○ Subjunctive

Verb

je _____ nous _____

tu _____ vous _____

il/elle/on _____ ils/elles _____

- ○ Present
- ○ Imperfect
- ○ Future
- ○ Conditional
- ○ Subjunctive

Verb

je _____ nous _____

tu _____ vous _____

il/elle/on _____ ils/elles _____

- ○ Present
- ○ Imperfect
- ○ Future
- ○ Conditional
- ○ Subjunctive

Verb

je _____   nous _____

tu _____   vous _____

il/elle/on _____   ils/elles _____

- ☐ Present
- ☐ Imperfect
- ☐ Future
- ☐ Conditional
- ☐ Subjunctive

Verb

je _____   nous _____

tu _____   vous _____

il/elle/on _____   ils/elles _____

- ☐ Present
- ☐ Imperfect
- ☐ Future
- ☐ Conditional
- ☐ Subjunctive

Verb

je _____   nous _____

tu _____   vous _____

il/elle/on _____   ils/elles _____

- ☐ Present
- ☐ Imperfect
- ☐ Future
- ☐ Conditional
- ☐ Subjunctive

Verb

je _____   nous _____

tu _____   vous _____

il/elle/on _____   ils/elles _____

- ☐ Present
- ☐ Imperfect
- ☐ Future
- ☐ Conditional
- ☐ Subjunctive

Verb

je _____ nous _____

tu _____ vous _____

il/elle/on _____ ils/elles _____

- ☐ Present
- ☐ Imperfect
- ☐ Future
- ☐ Conditional
- ☐ Subjunctive

Verb

je _____ nous _____

tu _____ vous _____

il/elle/on _____ ils/elles _____

- ☐ Present
- ☐ Imperfect
- ☐ Future
- ☐ Conditional
- ☐ Subjunctive

Verb

je _____ nous _____

tu _____ vous _____

il/elle/on _____ ils/elles _____

- ☐ Present
- ☐ Imperfect
- ☐ Future
- ☐ Conditional
- ☐ Subjunctive

Verb

je _____ nous _____

tu _____ vous _____

il/elle/on _____ ils/elles _____

- ☐ Present
- ☐ Imperfect
- ☐ Future
- ☐ Conditional
- ☐ Subjunctive

23

Verb

je _____ nous _____

tu _____ vous _____

il/elle/on _____ ils/elles _____

☐ Present
☐ Imperfect
☐ Future
☐ Conditional
☐ Subjunctive

Verb

je _____ nous _____

tu _____ vous _____

il/elle/on _____ ils/elles _____

☐ Present
☐ Imperfect
☐ Future
☐ Conditional
☐ Subjunctive

Verb

je _____ nous _____

tu _____ vous _____

il/elle/on _____ ils/elles _____

☐ Present
☐ Imperfect
☐ Future
☐ Conditional
☐ Subjunctive

Verb

je _____ nous _____

tu _____ vous _____

il/elle/on _____ ils/elles _____

☐ Present
☐ Imperfect
☐ Future
☐ Conditional
☐ Subjunctive

Verb

je _____   nous _____

tu _____   vous _____

il/elle/on _____   ils/elles _____

- ☐ Present
- ☐ Imperfect
- ☐ Future
- ☐ Conditional
- ☐ Subjunctive

Verb

je _____   nous _____

tu _____   vous _____

il/elle/on _____   ils/elles _____

- ☐ Present
- ☐ Imperfect
- ☐ Future
- ☐ Conditional
- ☐ Subjunctive

Verb

je _____   nous _____

tu _____   vous _____

il/elle/on _____   ils/elles _____

- ☐ Present
- ☐ Imperfect
- ☐ Future
- ☐ Conditional
- ☐ Subjunctive

Verb

je _____   nous _____

tu _____   vous _____

il/elle/on _____   ils/elles _____

- ☐ Present
- ☐ Imperfect
- ☐ Future
- ☐ Conditional
- ☐ Subjunctive

25

Verb

je _____   nous _____

tu _____   vous _____

il/elle/on _____   ils/elles _____

☐ Present
☐ Imperfect
☐ Future
☐ Conditional
☐ Subjunctive

Verb

je _____   nous _____

tu _____   vous _____

il/elle/on _____   ils/elles _____

☐ Present
☐ Imperfect
☐ Future
☐ Conditional
☐ Subjunctive

Verb

je _____   nous _____

tu _____   vous _____

il/elle/on _____   ils/elles _____

☐ Present
☐ Imperfect
☐ Future
☐ Conditional
☐ Subjunctive

Verb

je _____   nous _____

tu _____   vous _____

il/elle/on _____   ils/elles _____

☐ Present
☐ Imperfect
☐ Future
☐ Conditional
☐ Subjunctive

Verb

je _____   nous _____

tu _____   vous _____

il/elle/on _____   ils/elles _____

- ☐ Present
- ☐ Imperfect
- ☐ Future
- ☐ Conditional
- ☐ Subjunctive

Verb

je _____   nous _____

tu _____   vous _____

il/elle/on _____   ils/elles _____

- ☐ Present
- ☐ Imperfect
- ☐ Future
- ☐ Conditional
- ☐ Subjunctive

Verb

je _____   nous _____

tu _____   vous _____

il/elle/on _____   ils/elles _____

- ☐ Present
- ☐ Imperfect
- ☐ Future
- ☐ Conditional
- ☐ Subjunctive

Verb

je _____   nous _____

tu _____   vous _____

il/elle/on _____   ils/elles _____

- ☐ Present
- ☐ Imperfect
- ☐ Future
- ☐ Conditional
- ☐ Subjunctive

Verb

je _____   nous _____

tu _____   vous _____

il/elle/on _____   ils/elles _____

- ☐ Present
- ☐ Imperfect
- ☐ Future
- ☐ Conditional
- ☐ Subjunctive

Verb

je _____   nous _____

tu _____   vous _____

il/elle/on _____   ils/elles _____

- ☐ Present
- ☐ Imperfect
- ☐ Future
- ☐ Conditional
- ☐ Subjunctive

Verb

je _____   nous _____

tu _____   vous _____

il/elle/on _____   ils/elles _____

- ☐ Present
- ☐ Imperfect
- ☐ Future
- ☐ Conditional
- ☐ Subjunctive

Verb

je _____   nous _____

tu _____   vous _____

il/elle/on _____   ils/elles _____

- ☐ Present
- ☐ Imperfect
- ☐ Future
- ☐ Conditional
- ☐ Subjunctive

Verb

je _____ nous _____

tu _____ vous _____

il/elle/on _____ ils/elles _____

- ☐ Present
- ☐ Imperfect
- ☐ Future
- ☐ Conditional
- ☐ Subjunctive

Verb

je _____ nous _____

tu _____ vous _____

il/elle/on _____ ils/elles _____

- ☐ Present
- ☐ Imperfect
- ☐ Future
- ☐ Conditional
- ☐ Subjunctive

Verb

je _____ nous _____

tu _____ vous _____

il/elle/on _____ ils/elles _____

- ☐ Present
- ☐ Imperfect
- ☐ Future
- ☐ Conditional
- ☐ Subjunctive

Verb

je _____ nous _____

tu _____ vous _____

il/elle/on _____ ils/elles _____

- ☐ Present
- ☐ Imperfect
- ☐ Future
- ☐ Conditional
- ☐ Subjunctive

Verb

je _____   nous _____

tu _____   vous _____

il/elle/on _____   ils/elles _____

☐ Present
☐ Imperfect
☐ Future
☐ Conditional
☐ Subjunctive

Verb

je _____   nous _____

tu _____   vous _____

il/elle/on _____   ils/elles _____

☐ Present
☐ Imperfect
☐ Future
☐ Conditional
☐ Subjunctive

Verb

je _____   nous _____

tu _____   vous _____

il/elle/on _____   ils/elles _____

☐ Present
☐ Imperfect
☐ Future
☐ Conditional
☐ Subjunctive

Verb

je _____   nous _____

tu _____   vous _____

il/elle/on _____   ils/elles _____

☐ Present
☐ Imperfect
☐ Future
☐ Conditional
☐ Subjunctive

Verb

je _____ nous _____

tu _____ vous _____

il/elle/on _____ ils/elles _____

- ☐ Present
- ☐ Imperfect
- ☐ Future
- ☐ Conditional
- ☐ Subjunctive

Verb

je _____ nous _____

tu _____ vous _____

il/elle/on _____ ils/elles _____

- ☐ Present
- ☐ Imperfect
- ☐ Future
- ☐ Conditional
- ☐ Subjunctive

Verb

je _____ nous _____

tu _____ vous _____

il/elle/on _____ ils/elles _____

- ☐ Present
- ☐ Imperfect
- ☐ Future
- ☐ Conditional
- ☐ Subjunctive

Verb

je _____ nous _____

tu _____ vous _____

il/elle/on _____ ils/elles _____

- ☐ Present
- ☐ Imperfect
- ☐ Future
- ☐ Conditional
- ☐ Subjunctive

Verb

je _____ nous _____

tu _____ vous _____

il/elle/on _____ ils/elles _____

- ☐ Present
- ☐ Imperfect
- ☐ Future
- ☐ Conditional
- ☐ Subjunctive

Verb

je _____ nous _____

tu _____ vous _____

il/elle/on _____ ils/elles _____

- ☐ Present
- ☐ Imperfect
- ☐ Future
- ☐ Conditional
- ☐ Subjunctive

Verb

je _____ nous _____

tu _____ vous _____

il/elle/on _____ ils/elles _____

- ☐ Present
- ☐ Imperfect
- ☐ Future
- ☐ Conditional
- ☐ Subjunctive

Verb

je _____ nous _____

tu _____ vous _____

il/elle/on _____ ils/elles _____

- ☐ Present
- ☐ Imperfect
- ☐ Future
- ☐ Conditional
- ☐ Subjunctive

Verb

je _____ nous _____

tu _____ vous _____

il/elle/on _____ ils/elles _____

- ☐ Present
- ☐ Imperfect
- ☐ Future
- ☐ Conditional
- ☐ Subjunctive

Verb

je _____ nous _____

tu _____ vous _____

il/elle/on _____ ils/elles _____

- ☐ Present
- ☐ Imperfect
- ☐ Future
- ☐ Conditional
- ☐ Subjunctive

Verb

je _____ nous _____

tu _____ vous _____

il/elle/on _____ ils/elles _____

- ☐ Present
- ☐ Imperfect
- ☐ Future
- ☐ Conditional
- ☐ Subjunctive

Verb

je _____ nous _____

tu _____ vous _____

il/elle/on _____ ils/elles _____

- ☐ Present
- ☐ Imperfect
- ☐ Future
- ☐ Conditional
- ☐ Subjunctive

Verb

je _____   nous _____

tu _____   vous _____

il/elle/on _____   ils/elles _____

- ☐ Present
- ☐ Imperfect
- ☐ Future
- ☐ Conditional
- ☐ Subjunctive

Verb

je _____   nous _____

tu _____   vous _____

il/elle/on _____   ils/elles _____

- ☐ Present
- ☐ Imperfect
- ☐ Future
- ☐ Conditional
- ☐ Subjunctive

Verb

je _____   nous _____

tu _____   vous _____

il/elle/on _____   ils/elles _____

- ☐ Present
- ☐ Imperfect
- ☐ Future
- ☐ Conditional
- ☐ Subjunctive

Verb

je _____   nous _____

tu _____   vous _____

il/elle/on _____   ils/elles _____

- ☐ Present
- ☐ Imperfect
- ☐ Future
- ☐ Conditional
- ☐ Subjunctive

Verb

je _____   nous _____

tu _____   vous _____

il/elle/on _____   ils/elles _____

- [ ] Present
- [ ] Imperfect
- [ ] Future
- [ ] Conditional
- [ ] Subjunctive

Verb

je _____   nous _____

tu _____   vous _____

il/elle/on _____   ils/elles _____

- [ ] Present
- [ ] Imperfect
- [ ] Future
- [ ] Conditional
- [ ] Subjunctive

Verb

je _____   nous _____

tu _____   vous _____

il/elle/on _____   ils/elles _____

- [ ] Present
- [ ] Imperfect
- [ ] Future
- [ ] Conditional
- [ ] Subjunctive

Verb

je _____   nous _____

tu _____   vous _____

il/elle/on _____   ils/elles _____

- [ ] Present
- [ ] Imperfect
- [ ] Future
- [ ] Conditional
- [ ] Subjunctive

Verb

je _____   nous _____

tu _____   vous _____

il/elle/on _____   ils/elles _____

- ☐ Present
- ☐ Imperfect
- ☐ Future
- ☐ Conditional
- ☐ Subjunctive

Verb

je _____   nous _____

tu _____   vous _____

il/elle/on _____   ils/elles _____

- ☐ Present
- ☐ Imperfect
- ☐ Future
- ☐ Conditional
- ☐ Subjunctive

Verb

je _____   nous _____

tu _____   vous _____

il/elle/on _____   ils/elles _____

- ☐ Present
- ☐ Imperfect
- ☐ Future
- ☐ Conditional
- ☐ Subjunctive

Verb

je _____   nous _____

tu _____   vous _____

il/elle/on _____   ils/elles _____

- ☐ Present
- ☐ Imperfect
- ☐ Future
- ☐ Conditional
- ☐ Subjunctive

Verb

je _____ nous _____

tu _____ vous _____

il/elle/on _____ ils/elles _____

- ☐ Present
- ☐ Imperfect
- ☐ Future
- ☐ Conditional
- ☐ Subjunctive

Verb

je _____ nous _____

tu _____ vous _____

il/elle/on _____ ils/elles _____

- ☐ Present
- ☐ Imperfect
- ☐ Future
- ☐ Conditional
- ☐ Subjunctive

Verb

je _____ nous _____

tu _____ vous _____

il/elle/on _____ ils/elles _____

- ☐ Present
- ☐ Imperfect
- ☐ Future
- ☐ Conditional
- ☐ Subjunctive

Verb

je _____ nous _____

tu _____ vous _____

il/elle/on _____ ils/elles _____

- ☐ Present
- ☐ Imperfect
- ☐ Future
- ☐ Conditional
- ☐ Subjunctive

Verb

je _____   nous _____

tu _____   vous _____

il/elle/on _____   ils/elles _____

- ☐ Present
- ☐ Imperfect
- ☐ Future
- ☐ Conditional
- ☐ Subjunctive

Verb

je _____   nous _____

tu _____   vous _____

il/elle/on _____   ils/elles _____

- ☐ Present
- ☐ Imperfect
- ☐ Future
- ☐ Conditional
- ☐ Subjunctive

Verb

je _____   nous _____

tu _____   vous _____

il/elle/on _____   ils/elles _____

- ☐ Present
- ☐ Imperfect
- ☐ Future
- ☐ Conditional
- ☐ Subjunctive

Verb

je _____   nous _____

tu _____   vous _____

il/elle/on _____   ils/elles _____

- ☐ Present
- ☐ Imperfect
- ☐ Future
- ☐ Conditional
- ☐ Subjunctive

Verb

je _____ nous _____

tu _____ vous _____

il/elle/on _____ ils/elles _____

- ☐ Present
- ☐ Imperfect
- ☐ Future
- ☐ Conditional
- ☐ Subjunctive

Verb

je _____ nous _____

tu _____ vous _____

il/elle/on _____ ils/elles _____

- ☐ Present
- ☐ Imperfect
- ☐ Future
- ☐ Conditional
- ☐ Subjunctive

Verb

je _____ nous _____

tu _____ vous _____

il/elle/on _____ ils/elles _____

- ☐ Present
- ☐ Imperfect
- ☐ Future
- ☐ Conditional
- ☐ Subjunctive

Verb

je _____ nous _____

tu _____ vous _____

il/elle/on _____ ils/elles _____

- ☐ Present
- ☐ Imperfect
- ☐ Future
- ☐ Conditional
- ☐ Subjunctive

Verb

je _____   nous _____

tu _____   vous _____

il/elle/on _____   ils/elles _____

- ☐ Present
- ☐ Imperfect
- ☐ Future
- ☐ Conditional
- ☐ Subjunctive

Verb

je _____   nous _____

tu _____   vous _____

il/elle/on _____   ils/elles _____

- ☐ Present
- ☐ Imperfect
- ☐ Future
- ☐ Conditional
- ☐ Subjunctive

Verb

je _____   nous _____

tu _____   vous _____

il/elle/on _____   ils/elles _____

- ☐ Present
- ☐ Imperfect
- ☐ Future
- ☐ Conditional
- ☐ Subjunctive

Verb

je _____   nous _____

tu _____   vous _____

il/elle/on _____   ils/elles _____

- ☐ Present
- ☐ Imperfect
- ☐ Future
- ☐ Conditional
- ☐ Subjunctive

Verb

je _____ nous _____

tu _____ vous _____

il/elle/on _____ ils/elles _____

- ☐ Present
- ☐ Imperfect
- ☐ Future
- ☐ Conditional
- ☐ Subjunctive

Verb

je _____ nous _____

tu _____ vous _____

il/elle/on _____ ils/elles _____

- ☐ Present
- ☐ Imperfect
- ☐ Future
- ☐ Conditional
- ☐ Subjunctive

Verb

je _____ nous _____

tu _____ vous _____

il/elle/on _____ ils/elles _____

- ☐ Present
- ☐ Imperfect
- ☐ Future
- ☐ Conditional
- ☐ Subjunctive

Verb

je _____ nous _____

tu _____ vous _____

il/elle/on _____ ils/elles _____

- ☐ Present
- ☐ Imperfect
- ☐ Future
- ☐ Conditional
- ☐ Subjunctive

41

Verb

je _____ nous _____

tu _____ vous _____

il/elle/on _____ ils/elles _____

- ☐ Present
- ☐ Imperfect
- ☐ Future
- ☐ Conditional
- ☐ Subjunctive

Verb

je _____ nous _____

tu _____ vous _____

il/elle/on _____ ils/elles _____

- ☐ Present
- ☐ Imperfect
- ☐ Future
- ☐ Conditional
- ☐ Subjunctive

Verb

je _____ nous _____

tu _____ vous _____

il/elle/on _____ ils/elles _____

- ☐ Present
- ☐ Imperfect
- ☐ Future
- ☐ Conditional
- ☐ Subjunctive

Verb

je _____ nous _____

tu _____ vous _____

il/elle/on _____ ils/elles _____

- ☐ Present
- ☐ Imperfect
- ☐ Future
- ☐ Conditional
- ☐ Subjunctive

Verb

je _____   nous _____

tu _____   vous _____

il/elle/on _____   ils/elles _____

- ☐ Present
- ☐ Imperfect
- ☐ Future
- ☐ Conditional
- ☐ Subjunctive

Verb

je _____   nous _____

tu _____   vous _____

il/elle/on _____   ils/elles _____

- ☐ Present
- ☐ Imperfect
- ☐ Future
- ☐ Conditional
- ☐ Subjunctive

Verb

je _____   nous _____

tu _____   vous _____

il/elle/on _____   ils/elles _____

- ☐ Present
- ☐ Imperfect
- ☐ Future
- ☐ Conditional
- ☐ Subjunctive

Verb

je _____   nous _____

tu _____   vous _____

il/elle/on _____   ils/elles _____

- ☐ Present
- ☐ Imperfect
- ☐ Future
- ☐ Conditional
- ☐ Subjunctive

43

Verb

je _____ nous _____

tu _____ vous _____

il/elle/on _____ ils/elles _____

☐ Present
☐ Imperfect
☐ Future
☐ Conditional
☐ Subjunctive

Verb

je _____ nous _____

tu _____ vous _____

il/elle/on _____ ils/elles _____

☐ Present
☐ Imperfect
☐ Future
☐ Conditional
☐ Subjunctive

Verb

je _____ nous _____

tu _____ vous _____

il/elle/on _____ ils/elles _____

☐ Present
☐ Imperfect
☐ Future
☐ Conditional
☐ Subjunctive

Verb

je _____ nous _____

tu _____ vous _____

il/elle/on _____ ils/elles _____

☐ Present
☐ Imperfect
☐ Future
☐ Conditional
☐ Subjunctive

Verb

je _____   nous _____

tu _____   vous _____

il/elle/on _____   ils/elles _____

- ☐ Present
- ☐ Imperfect
- ☐ Future
- ☐ Conditional
- ☐ Subjunctive

Verb

je _____   nous _____

tu _____   vous _____

il/elle/on _____   ils/elles _____

- ☐ Present
- ☐ Imperfect
- ☐ Future
- ☐ Conditional
- ☐ Subjunctive

Verb

je _____   nous _____

tu _____   vous _____

il/elle/on _____   ils/elles _____

- ☐ Present
- ☐ Imperfect
- ☐ Future
- ☐ Conditional
- ☐ Subjunctive

Verb

je _____   nous _____

tu _____   vous _____

il/elle/on _____   ils/elles _____

- ☐ Present
- ☐ Imperfect
- ☐ Future
- ☐ Conditional
- ☐ Subjunctive

Verb

je _____   nous _____

tu _____   vous _____

il/elle/on _____   ils/elles _____

- ☐ Present
- ☐ Imperfect
- ☐ Future
- ☐ Conditional
- ☐ Subjunctive

Verb

je _____   nous _____

tu _____   vous _____

il/elle/on _____   ils/elles _____

- ☐ Present
- ☐ Imperfect
- ☐ Future
- ☐ Conditional
- ☐ Subjunctive

Verb

je _____   nous _____

tu _____   vous _____

il/elle/on _____   ils/elles _____

- ☐ Present
- ☐ Imperfect
- ☐ Future
- ☐ Conditional
- ☐ Subjunctive

Verb

je _____   nous _____

tu _____   vous _____

il/elle/on _____   ils/elles _____

- ☐ Present
- ☐ Imperfect
- ☐ Future
- ☐ Conditional
- ☐ Subjunctive

Verb

je _____   nous _____

tu _____   vous _____

il/elle/on _____   ils/elles _____

- ☐ Present
- ☐ Imperfect
- ☐ Future
- ☐ Conditional
- ☐ Subjunctive

Verb

je _____   nous _____

tu _____   vous _____

il/elle/on _____   ils/elles _____

- ☐ Present
- ☐ Imperfect
- ☐ Future
- ☐ Conditional
- ☐ Subjunctive

Verb

je _____   nous _____

tu _____   vous _____

il/elle/on _____   ils/elles _____

- ☐ Present
- ☐ Imperfect
- ☐ Future
- ☐ Conditional
- ☐ Subjunctive

Verb

je _____   nous _____

tu _____   vous _____

il/elle/on _____   ils/elles _____

- ☐ Present
- ☐ Imperfect
- ☐ Future
- ☐ Conditional
- ☐ Subjunctive

47

Verb

je _____   nous _____

tu _____   vous _____

il/elle/on _____   ils/elles _____

- ☐ Present
- ☐ Imperfect
- ☐ Future
- ☐ Conditional
- ☐ Subjunctive

Verb

je _____   nous _____

tu _____   vous _____

il/elle/on _____   ils/elles _____

- ☐ Present
- ☐ Imperfect
- ☐ Future
- ☐ Conditional
- ☐ Subjunctive

Verb

je _____   nous _____

tu _____   vous _____

il/elle/on _____   ils/elles _____

- ☐ Present
- ☐ Imperfect
- ☐ Future
- ☐ Conditional
- ☐ Subjunctive

Verb

je _____   nous _____

tu _____   vous _____

il/elle/on _____   ils/elles _____

- ☐ Present
- ☐ Imperfect
- ☐ Future
- ☐ Conditional
- ☐ Subjunctive

Verb

je _____   nous _____

tu _____   vous _____

il/elle/on _____   ils/elles _____

- [ ] Present
- [ ] Imperfect
- [ ] Future
- [ ] Conditional
- [ ] Subjunctive

Verb

je _____   nous _____

tu _____   vous _____

il/elle/on _____   ils/elles _____

- [ ] Present
- [ ] Imperfect
- [ ] Future
- [ ] Conditional
- [ ] Subjunctive

Verb

je _____   nous _____

tu _____   vous _____

il/elle/on _____   ils/elles _____

- [ ] Present
- [ ] Imperfect
- [ ] Future
- [ ] Conditional
- [ ] Subjunctive

Verb

je _____   nous _____

tu _____   vous _____

il/elle/on _____   ils/elles _____

49

- [ ] Present
- [ ] Imperfect
- [ ] Future
- [ ] Conditional
- [ ] Subjunctive

Verb

je _____   nous _____

tu _____   vous _____

il/elle/on _____   ils/elles _____

- ☐ Present
- ☐ Imperfect
- ☐ Future
- ☐ Conditional
- ☐ Subjunctive

Verb

je _____   nous _____

tu _____   vous _____

il/elle/on _____   ils/elles _____

- ☐ Present
- ☐ Imperfect
- ☐ Future
- ☐ Conditional
- ☐ Subjunctive

Verb

je _____   nous _____

tu _____   vous _____

il/elle/on _____   ils/elles _____

- ☐ Present
- ☐ Imperfect
- ☐ Future
- ☐ Conditional
- ☐ Subjunctive

Verb

je _____   nous _____

tu _____   vous _____

il/elle/on _____   ils/elles _____

- ☐ Present
- ☐ Imperfect
- ☐ Future
- ☐ Conditional
- ☐ Subjunctive

Verb

je _____ nous _____

tu _____ vous _____

il/elle/on _____ ils/elles _____

- ☐ Present
- ☐ Imperfect
- ☐ Future
- ☐ Conditional
- ☐ Subjunctive

Verb

je _____ nous _____

tu _____ vous _____

il/elle/on _____ ils/elles _____

- ☐ Present
- ☐ Imperfect
- ☐ Future
- ☐ Conditional
- ☐ Subjunctive

Verb

je _____ nous _____

tu _____ vous _____

il/elle/on _____ ils/elles _____

- ☐ Present
- ☐ Imperfect
- ☐ Future
- ☐ Conditional
- ☐ Subjunctive

Verb

je _____ nous _____

tu _____ vous _____

il/elle/on _____ ils/elles _____

- ☐ Present
- ☐ Imperfect
- ☐ Future
- ☐ Conditional
- ☐ Subjunctive

51

Verb

je _____ nous _____

tu _____ vous _____

il/elle/on _____ ils/elles _____

- ☐ Present
- ☐ Imperfect
- ☐ Future
- ☐ Conditional
- ☐ Subjunctive

Verb

je _____ nous _____

tu _____ vous _____

il/elle/on _____ ils/elles _____

- ☐ Present
- ☐ Imperfect
- ☐ Future
- ☐ Conditional
- ☐ Subjunctive

Verb

je _____ nous _____

tu _____ vous _____

il/elle/on _____ ils/elles _____

- ☐ Present
- ☐ Imperfect
- ☐ Future
- ☐ Conditional
- ☐ Subjunctive

Verb

je _____ nous _____

tu _____ vous _____

il/elle/on _____ ils/elles _____

- ☐ Present
- ☐ Imperfect
- ☐ Future
- ☐ Conditional
- ☐ Subjunctive

Verb

je _____   nous _____

tu _____   vous _____

il/elle/on _____   ils/elles _____

- ☐ Present
- ☐ Imperfect
- ☐ Future
- ☐ Conditional
- ☐ Subjunctive

Verb

je _____   nous _____

tu _____   vous _____

il/elle/on _____   ils/elles _____

- ☐ Present
- ☐ Imperfect
- ☐ Future
- ☐ Conditional
- ☐ Subjunctive

Verb

je _____   nous _____

tu _____   vous _____

il/elle/on _____   ils/elles _____

- ☐ Present
- ☐ Imperfect
- ☐ Future
- ☐ Conditional
- ☐ Subjunctive

Verb

je _____   nous _____

tu _____   vous _____

il/elle/on _____   ils/elles _____

- ☐ Present
- ☐ Imperfect
- ☐ Future
- ☐ Conditional
- ☐ Subjunctive

Verb

je _____ nous _____

tu _____ vous _____

il/elle/on _____ ils/elles _____

- ☐ Present
- ☐ Imperfect
- ☐ Future
- ☐ Conditional
- ☐ Subjunctive

Verb

je _____ nous _____

tu _____ vous _____

il/elle/on _____ ils/elles _____

- ☐ Present
- ☐ Imperfect
- ☐ Future
- ☐ Conditional
- ☐ Subjunctive

Verb

je _____ nous _____

tu _____ vous _____

il/elle/on _____ ils/elles _____

- ☐ Present
- ☐ Imperfect
- ☐ Future
- ☐ Conditional
- ☐ Subjunctive

Verb

je _____ nous _____

tu _____ vous _____

il/elle/on _____ ils/elles _____

- ☐ Present
- ☐ Imperfect
- ☐ Future
- ☐ Conditional
- ☐ Subjunctive

Verb

je _____ nous _____

tu _____ vous _____

il/elle/on _____ ils/elles _____

- ☐ Present
- ☐ Imperfect
- ☐ Future
- ☐ Conditional
- ☐ Subjunctive

Verb

je _____ nous _____

tu _____ vous _____

il/elle/on _____ ils/elles _____

- ☐ Present
- ☐ Imperfect
- ☐ Future
- ☐ Conditional
- ☐ Subjunctive

Verb

je _____ nous _____

tu _____ vous _____

il/elle/on _____ ils/elles _____

- ☐ Present
- ☐ Imperfect
- ☐ Future
- ☐ Conditional
- ☐ Subjunctive

Verb

je _____ nous _____

tu _____ vous _____

il/elle/on _____ ils/elles _____

- ☐ Present
- ☐ Imperfect
- ☐ Future
- ☐ Conditional
- ☐ Subjunctive

Verb

je _____   nous _____

tu _____   vous _____

il/elle/on _____   ils/elles _____

- ◯ Present
- ◯ Imperfect
- ◯ Future
- ◯ Conditional
- ◯ Subjunctive

Verb

je _____   nous _____

tu _____   vous _____

il/elle/on _____   ils/elles _____

- ◯ Present
- ◯ Imperfect
- ◯ Future
- ◯ Conditional
- ◯ Subjunctive

Verb

je _____   nous _____

tu _____   vous _____

il/elle/on _____   ils/elles _____

- ◯ Present
- ◯ Imperfect
- ◯ Future
- ◯ Conditional
- ◯ Subjunctive

Verb

je _____   nous _____

tu _____   vous _____

il/elle/on _____   ils/elles _____

- ◯ Present
- ◯ Imperfect
- ◯ Future
- ◯ Conditional
- ◯ Subjunctive

Verb

je _____ nous _____

tu _____ vous _____

il/elle/on _____ ils/elles _____

- ☐ Present
- ☐ Imperfect
- ☐ Future
- ☐ Conditional
- ☐ Subjunctive

Verb

je _____ nous _____

tu _____ vous _____

il/elle/on _____ ils/elles _____

- ☐ Present
- ☐ Imperfect
- ☐ Future
- ☐ Conditional
- ☐ Subjunctive

Verb

je _____ nous _____

tu _____ vous _____

il/elle/on _____ ils/elles _____

- ☐ Present
- ☐ Imperfect
- ☐ Future
- ☐ Conditional
- ☐ Subjunctive

Verb

je _____ nous _____

tu _____ vous _____

il/elle/on _____ ils/elles _____

- ☐ Present
- ☐ Imperfect
- ☐ Future
- ☐ Conditional
- ☐ Subjunctive

57

Verb

je _____   nous _____

tu _____   vous _____

il/elle/on _____   ils/elles _____

- ☐ Present
- ☐ Imperfect
- ☐ Future
- ☐ Conditional
- ☐ Subjunctive

Verb

je _____   nous _____

tu _____   vous _____

il/elle/on _____   ils/elles _____

- ☐ Present
- ☐ Imperfect
- ☐ Future
- ☐ Conditional
- ☐ Subjunctive

Verb

je _____   nous _____

tu _____   vous _____

il/elle/on _____   ils/elles _____

- ☐ Present
- ☐ Imperfect
- ☐ Future
- ☐ Conditional
- ☐ Subjunctive

Verb

je _____   nous _____

tu _____   vous _____

il/elle/on _____   ils/elles _____

- ☐ Present
- ☐ Imperfect
- ☐ Future
- ☐ Conditional
- ☐ Subjunctive

Verb

je _____ nous _____

tu _____ vous _____

il/elle/on _____ ils/elles _____

- ☐ Present
- ☐ Imperfect
- ☐ Future
- ☐ Conditional
- ☐ Subjunctive

Verb

je _____ nous _____

tu _____ vous _____

il/elle/on _____ ils/elles _____

- ☐ Present
- ☐ Imperfect
- ☐ Future
- ☐ Conditional
- ☐ Subjunctive

Verb

je _____ nous _____

tu _____ vous _____

il/elle/on _____ ils/elles _____

- ☐ Present
- ☐ Imperfect
- ☐ Future
- ☐ Conditional
- ☐ Subjunctive

Verb

je _____ nous _____

tu _____ vous _____

il/elle/on _____ ils/elles _____

- ☐ Present
- ☐ Imperfect
- ☐ Future
- ☐ Conditional
- ☐ Subjunctive

Verb

je _____   nous _____

tu _____   vous _____

il/elle/on _____   ils/elles _____

- [ ] Present
- [ ] Imperfect
- [ ] Future
- [ ] Conditional
- [ ] Subjunctive

Verb

je _____   nous _____

tu _____   vous _____

il/elle/on _____   ils/elles _____

- [ ] Present
- [ ] Imperfect
- [ ] Future
- [ ] Conditional
- [ ] Subjunctive

Verb

je _____   nous _____

tu _____   vous _____

il/elle/on _____   ils/elles _____

- [ ] Present
- [ ] Imperfect
- [ ] Future
- [ ] Conditional
- [ ] Subjunctive

Verb

je _____   nous _____

tu _____   vous _____

il/elle/on _____   ils/elles _____

- [ ] Present
- [ ] Imperfect
- [ ] Future
- [ ] Conditional
- [ ] Subjunctive

Verb

je _____ nous _____

tu _____ vous _____

il/elle/on _____ ils/elles _____

- ☐ Present
- ☐ Imperfect
- ☐ Future
- ☐ Conditional
- ☐ Subjunctive

Verb

je _____ nous _____

tu _____ vous _____

il/elle/on _____ ils/elles _____

- ☐ Present
- ☐ Imperfect
- ☐ Future
- ☐ Conditional
- ☐ Subjunctive

Verb

je _____ nous _____

tu _____ vous _____

il/elle/on _____ ils/elles _____

- ☐ Present
- ☐ Imperfect
- ☐ Future
- ☐ Conditional
- ☐ Subjunctive

Verb

je _____ nous _____

tu _____ vous _____

il/elle/on _____ ils/elles _____

- ☐ Present
- ☐ Imperfect
- ☐ Future
- ☐ Conditional
- ☐ Subjunctive

Verb

je _____   nous _____

tu _____   vous _____

il/elle/on _____   ils/elles _____

- ☐ Present
- ☐ Imperfect
- ☐ Future
- ☐ Conditional
- ☐ Subjunctive

Verb

je _____   nous _____

tu _____   vous _____

il/elle/on _____   ils/elles _____

- ☐ Present
- ☐ Imperfect
- ☐ Future
- ☐ Conditional
- ☐ Subjunctive

Verb

je _____   nous _____

tu _____   vous _____

il/elle/on _____   ils/elles _____

- ☐ Present
- ☐ Imperfect
- ☐ Future
- ☐ Conditional
- ☐ Subjunctive

Verb

je _____   nous _____

tu _____   vous _____

il/elle/on _____   ils/elles _____

- ☐ Present
- ☐ Imperfect
- ☐ Future
- ☐ Conditional
- ☐ Subjunctive

Verb

je _____ nous _____

tu _____ vous _____

il/elle/on _____ ils/elles _____

- ☐ Present
- ☐ Imperfect
- ☐ Future
- ☐ Conditional
- ☐ Subjunctive

Verb

je _____ nous _____

tu _____ vous _____

il/elle/on _____ ils/elles _____

- ☐ Present
- ☐ Imperfect
- ☐ Future
- ☐ Conditional
- ☐ Subjunctive

Verb

je _____ nous _____

tu _____ vous _____

il/elle/on _____ ils/elles _____

- ☐ Present
- ☐ Imperfect
- ☐ Future
- ☐ Conditional
- ☐ Subjunctive

Verb

je _____ nous _____

tu _____ vous _____

il/elle/on _____ ils/elles _____

- ☐ Present
- ☐ Imperfect
- ☐ Future
- ☐ Conditional
- ☐ Subjunctive

Verb

je _____ nous _____

tu _____ vous _____

il/elle/on _____ ils/elles _____

- [ ] Present
- [ ] Imperfect
- [ ] Future
- [ ] Conditional
- [ ] Subjunctive

Verb

je _____ nous _____

tu _____ vous _____

il/elle/on _____ ils/elles _____

- [ ] Present
- [ ] Imperfect
- [ ] Future
- [ ] Conditional
- [ ] Subjunctive

Verb

je _____ nous _____

tu _____ vous _____

il/elle/on _____ ils/elles _____

- [ ] Present
- [ ] Imperfect
- [ ] Future
- [ ] Conditional
- [ ] Subjunctive

Verb

je _____ nous _____

tu _____ vous _____

il/elle/on _____ ils/elles _____

- [ ] Present
- [ ] Imperfect
- [ ] Future
- [ ] Conditional
- [ ] Subjunctive

Verb

je _____ nous _____

tu _____ vous _____

il/elle/on _____ ils/elles _____

- ☐ Present
- ☐ Imperfect
- ☐ Future
- ☐ Conditional
- ☐ Subjunctive

Verb

je _____ nous _____

tu _____ vous _____

il/elle/on _____ ils/elles _____

- ☐ Present
- ☐ Imperfect
- ☐ Future
- ☐ Conditional
- ☐ Subjunctive

Verb

je _____ nous _____

tu _____ vous _____

il/elle/on _____ ils/elles _____

- ☐ Present
- ☐ Imperfect
- ☐ Future
- ☐ Conditional
- ☐ Subjunctive

Verb

je _____ nous _____

tu _____ vous _____

il/elle/on _____ ils/elles _____

- ☐ Present
- ☐ Imperfect
- ☐ Future
- ☐ Conditional
- ☐ Subjunctive

Verb

je _____   nous _____

tu _____   vous _____

il/elle/on _____   ils/elles _____

- ☐ Present
- ☐ Imperfect
- ☐ Future
- ☐ Conditional
- ☐ Subjunctive

Verb

je _____   nous _____

tu _____   vous _____

il/elle/on _____   ils/elles _____

- ☐ Present
- ☐ Imperfect
- ☐ Future
- ☐ Conditional
- ☐ Subjunctive

Verb

je _____   nous _____

tu _____   vous _____

il/elle/on _____   ils/elles _____

- ☐ Present
- ☐ Imperfect
- ☐ Future
- ☐ Conditional
- ☐ Subjunctive

Verb

je _____   nous _____

tu _____   vous _____

il/elle/on _____   ils/elles _____

- ☐ Present
- ☐ Imperfect
- ☐ Future
- ☐ Conditional
- ☐ Subjunctive

Verb

je _____ nous _____

tu _____ vous _____

il/elle/on _____ ils/elles _____

- ☐ Present
- ☐ Imperfect
- ☐ Future
- ☐ Conditional
- ☐ Subjunctive

Verb

je _____ nous _____

tu _____ vous _____

il/elle/on _____ ils/elles _____

- ☐ Present
- ☐ Imperfect
- ☐ Future
- ☐ Conditional
- ☐ Subjunctive

Verb

je _____ nous _____

tu _____ vous _____

il/elle/on _____ ils/elles _____

- ☐ Present
- ☐ Imperfect
- ☐ Future
- ☐ Conditional
- ☐ Subjunctive

Verb

je _____ nous _____

tu _____ vous _____

il/elle/on _____ ils/elles _____

- ☐ Present
- ☐ Imperfect
- ☐ Future
- ☐ Conditional
- ☐ Subjunctive

Verb

je _____ nous _____

tu _____ vous _____

il/elle/on _____ ils/elles _____

- [ ] Present
- [ ] Imperfect
- [ ] Future
- [ ] Conditional
- [ ] Subjunctive

Verb

je _____ nous _____

tu _____ vous _____

il/elle/on _____ ils/elles _____

- [ ] Present
- [ ] Imperfect
- [ ] Future
- [ ] Conditional
- [ ] Subjunctive

Verb

je _____ nous _____

tu _____ vous _____

il/elle/on _____ ils/elles _____

- [ ] Present
- [ ] Imperfect
- [ ] Future
- [ ] Conditional
- [ ] Subjunctive

Verb

je _____ nous _____

tu _____ vous _____

il/elle/on _____ ils/elles _____

- [ ] Present
- [ ] Imperfect
- [ ] Future
- [ ] Conditional
- [ ] Subjunctive

Verb

je _____ nous _____

tu _____ vous _____

il/elle/on _____ ils/elles _____

- ☐ Present
- ☐ Imperfect
- ☐ Future
- ☐ Conditional
- ☐ Subjunctive

Verb

je _____ nous _____

tu _____ vous _____

il/elle/on _____ ils/elles _____

- ☐ Present
- ☐ Imperfect
- ☐ Future
- ☐ Conditional
- ☐ Subjunctive

Verb

je _____ nous _____

tu _____ vous _____

il/elle/on _____ ils/elles _____

- ☐ Present
- ☐ Imperfect
- ☐ Future
- ☐ Conditional
- ☐ Subjunctive

Verb

je _____ nous _____

tu _____ vous _____

il/elle/on _____ ils/elles _____

- ☐ Present
- ☐ Imperfect
- ☐ Future
- ☐ Conditional
- ☐ Subjunctive

69

Verb

je _____ nous _____

tu _____ vous _____

il/elle/on _____ ils/elles _____

- ☐ Present
- ☐ Imperfect
- ☐ Future
- ☐ Conditional
- ☐ Subjunctive

Verb

je _____ nous _____

tu _____ vous _____

il/elle/on _____ ils/elles _____

- ☐ Present
- ☐ Imperfect
- ☐ Future
- ☐ Conditional
- ☐ Subjunctive

Verb

je _____ nous _____

tu _____ vous _____

il/elle/on _____ ils/elles _____

- ☐ Present
- ☐ Imperfect
- ☐ Future
- ☐ Conditional
- ☐ Subjunctive

Verb

je _____ nous _____

tu _____ vous _____

il/elle/on _____ ils/elles _____

- ☐ Present
- ☐ Imperfect
- ☐ Future
- ☐ Conditional
- ☐ Subjunctive

Verb

je _____ nous _____

tu _____ vous _____

il/elle/on _____ ils/elles _____

- ☐ Present
- ☐ Imperfect
- ☐ Future
- ☐ Conditional
- ☐ Subjunctive

Verb

je _____ nous _____

tu _____ vous _____

il/elle/on _____ ils/elles _____

- ☐ Present
- ☐ Imperfect
- ☐ Future
- ☐ Conditional
- ☐ Subjunctive

Verb

je _____ nous _____

tu _____ vous _____

il/elle/on _____ ils/elles _____

- ☐ Present
- ☐ Imperfect
- ☐ Future
- ☐ Conditional
- ☐ Subjunctive

Verb

je _____ nous _____

tu _____ vous _____

il/elle/on _____ ils/elles _____

- ☐ Present
- ☐ Imperfect
- ☐ Future
- ☐ Conditional
- ☐ Subjunctive

Verb

je _____   nous _____

tu _____   vous _____

il/elle/on _____   ils/elles _____

- ☐ Present
- ☐ Imperfect
- ☐ Future
- ☐ Conditional
- ☐ Subjunctive

Verb

je _____   nous _____

tu _____   vous _____

il/elle/on _____   ils/elles _____

- ☐ Present
- ☐ Imperfect
- ☐ Future
- ☐ Conditional
- ☐ Subjunctive

Verb

je _____   nous _____

tu _____   vous _____

il/elle/on _____   ils/elles _____

- ☐ Present
- ☐ Imperfect
- ☐ Future
- ☐ Conditional
- ☐ Subjunctive

Verb

je _____   nous _____

tu _____   vous _____

il/elle/on _____   ils/elles _____

- ☐ Present
- ☐ Imperfect
- ☐ Future
- ☐ Conditional
- ☐ Subjunctive

Verb

je _____   nous _____

tu _____   vous _____

il/elle/on _____   ils/elles _____

- ☐ Present
- ☐ Imperfect
- ☐ Future
- ☐ Conditional
- ☐ Subjunctive

Verb

je _____   nous _____

tu _____   vous _____

il/elle/on _____   ils/elles _____

- ☐ Present
- ☐ Imperfect
- ☐ Future
- ☐ Conditional
- ☐ Subjunctive

Verb

je _____   nous _____

tu _____   vous _____

il/elle/on _____   ils/elles _____

- ☐ Present
- ☐ Imperfect
- ☐ Future
- ☐ Conditional
- ☐ Subjunctive

Verb

je _____   nous _____

tu _____   vous _____

il/elle/on _____   ils/elles _____

73

- ☐ Present
- ☐ Imperfect
- ☐ Future
- ☐ Conditional
- ☐ Subjunctive

Verb

je _____ nous _____

tu _____ vous _____

il/elle/on _____ ils/elles _____

- [ ] Present
- [ ] Imperfect
- [ ] Future
- [ ] Conditional
- [ ] Subjunctive

Verb

je _____ nous _____

tu _____ vous _____

il/elle/on _____ ils/elles _____

- [ ] Present
- [ ] Imperfect
- [ ] Future
- [ ] Conditional
- [ ] Subjunctive

Verb

je _____ nous _____

tu _____ vous _____

il/elle/on _____ ils/elles _____

- [ ] Present
- [ ] Imperfect
- [ ] Future
- [ ] Conditional
- [ ] Subjunctive

Verb

je _____ nous _____

tu _____ vous _____

il/elle/on _____ ils/elles _____

- [ ] Present
- [ ] Imperfect
- [ ] Future
- [ ] Conditional
- [ ] Subjunctive

Verb

je _____   nous _____

tu _____   vous _____

il/elle/on _____   ils/elles _____

- [ ] Present
- [ ] Imperfect
- [ ] Future
- [ ] Conditional
- [ ] Subjunctive

Verb

je _____   nous _____

tu _____   vous _____

il/elle/on _____   ils/elles _____

- [ ] Present
- [ ] Imperfect
- [ ] Future
- [ ] Conditional
- [ ] Subjunctive

Verb

je _____   nous _____

tu _____   vous _____

il/elle/on _____   ils/elles _____

- [ ] Present
- [ ] Imperfect
- [ ] Future
- [ ] Conditional
- [ ] Subjunctive

Verb

je _____   nous _____

tu _____   vous _____

il/elle/on _____   ils/elles _____

- [ ] Present
- [ ] Imperfect
- [ ] Future
- [ ] Conditional
- [ ] Subjunctive

Verb

je _____ nous _____

tu _____ vous _____

il/elle/on _____ ils/elles _____

- ☐ Present
- ☐ Imperfect
- ☐ Future
- ☐ Conditional
- ☐ Subjunctive

Verb

je _____ nous _____

tu _____ vous _____

il/elle/on _____ ils/elles _____

- ☐ Present
- ☐ Imperfect
- ☐ Future
- ☐ Conditional
- ☐ Subjunctive

Verb

je _____ nous _____

tu _____ vous _____

il/elle/on _____ ils/elles _____

- ☐ Present
- ☐ Imperfect
- ☐ Future
- ☐ Conditional
- ☐ Subjunctive

Verb

je _____ nous _____

tu _____ vous _____

il/elle/on _____ ils/elles _____

- ☐ Present
- ☐ Imperfect
- ☐ Future
- ☐ Conditional
- ☐ Subjunctive

Verb

je _____ nous _____

tu _____ vous _____

il/elle/on _____ ils/elles _____

- ☐ Present
- ☐ Imperfect
- ☐ Future
- ☐ Conditional
- ☐ Subjunctive

Verb

je _____ nous _____

tu _____ vous _____

il/elle/on _____ ils/elles _____

- ☐ Present
- ☐ Imperfect
- ☐ Future
- ☐ Conditional
- ☐ Subjunctive

Verb

je _____ nous _____

tu _____ vous _____

il/elle/on _____ ils/elles _____

- ☐ Present
- ☐ Imperfect
- ☐ Future
- ☐ Conditional
- ☐ Subjunctive

Verb

je _____ nous _____

tu _____ vous _____

il/elle/on _____ ils/elles _____

- ☐ Present
- ☐ Imperfect
- ☐ Future
- ☐ Conditional
- ☐ Subjunctive

Verb

je _____ nous _____

tu _____ vous _____

il/elle/on _____ ils/elles _____

- ☐ Present
- ☐ Imperfect
- ☐ Future
- ☐ Conditional
- ☐ Subjunctive

Verb

je _____ nous _____

tu _____ vous _____

il/elle/on _____ ils/elles _____

- ☐ Present
- ☐ Imperfect
- ☐ Future
- ☐ Conditional
- ☐ Subjunctive

Verb

je _____ nous _____

tu _____ vous _____

il/elle/on _____ ils/elles _____

- ☐ Present
- ☐ Imperfect
- ☐ Future
- ☐ Conditional
- ☐ Subjunctive

Verb

je _____ nous _____

tu _____ vous _____

il/elle/on _____ ils/elles _____

- ☐ Present
- ☐ Imperfect
- ☐ Future
- ☐ Conditional
- ☐ Subjunctive

Verb

je _____   nous _____

tu _____   vous _____

il/elle/on _____   ils/elles _____

- [ ] Present
- [ ] Imperfect
- [ ] Future
- [ ] Conditional
- [ ] Subjunctive

Verb

je _____   nous _____

tu _____   vous _____

il/elle/on _____   ils/elles _____

- [ ] Present
- [ ] Imperfect
- [ ] Future
- [ ] Conditional
- [ ] Subjunctive

Verb

je _____   nous _____

tu _____   vous _____

il/elle/on _____   ils/elles _____

- [ ] Present
- [ ] Imperfect
- [ ] Future
- [ ] Conditional
- [ ] Subjunctive

Verb

je _____   nous _____

tu _____   vous _____

il/elle/on _____   ils/elles _____

- [ ] Present
- [ ] Imperfect
- [ ] Future
- [ ] Conditional
- [ ] Subjunctive

Verb

je _____   nous _____

tu _____   vous _____

il/elle/on _____   ils/elles _____

- ☐ Present
- ☐ Imperfect
- ☐ Future
- ☐ Conditional
- ☐ Subjunctive

Verb

je _____   nous _____

tu _____   vous _____

il/elle/on _____   ils/elles _____

- ☐ Present
- ☐ Imperfect
- ☐ Future
- ☐ Conditional
- ☐ Subjunctive

Verb

je _____   nous _____

tu _____   vous _____

il/elle/on _____   ils/elles _____

- ☐ Present
- ☐ Imperfect
- ☐ Future
- ☐ Conditional
- ☐ Subjunctive

Verb

je _____   nous _____

tu _____   vous _____

il/elle/on _____   ils/elles _____

- ☐ Present
- ☐ Imperfect
- ☐ Future
- ☐ Conditional
- ☐ Subjunctive

Verb

je _____ nous _____

tu _____ vous _____

il/elle/on _____ ils/elles _____

- ☐ Present
- ☐ Imperfect
- ☐ Future
- ☐ Conditional
- ☐ Subjunctive

Verb

je _____ nous _____

tu _____ vous _____

il/elle/on _____ ils/elles _____

- ☐ Present
- ☐ Imperfect
- ☐ Future
- ☐ Conditional
- ☐ Subjunctive

Verb

je _____ nous _____

tu _____ vous _____

il/elle/on _____ ils/elles _____

- ☐ Present
- ☐ Imperfect
- ☐ Future
- ☐ Conditional
- ☐ Subjunctive

Verb

je _____ nous _____

tu _____ vous _____

il/elle/on _____ ils/elles _____

81

- ☐ Present
- ☐ Imperfect
- ☐ Future
- ☐ Conditional
- ☐ Subjunctive

Verb

je _____ nous _____

tu _____ vous _____

il/elle/on _____ ils/elles _____

- [ ] Present
- [ ] Imperfect
- [ ] Future
- [ ] Conditional
- [ ] Subjunctive

Verb

je _____ nous _____

tu _____ vous _____

il/elle/on _____ ils/elles _____

- [ ] Present
- [ ] Imperfect
- [ ] Future
- [ ] Conditional
- [ ] Subjunctive

Verb

je _____ nous _____

tu _____ vous _____

il/elle/on _____ ils/elles _____

- [ ] Present
- [ ] Imperfect
- [ ] Future
- [ ] Conditional
- [ ] Subjunctive

Verb

je _____ nous _____

tu _____ vous _____

il/elle/on _____ ils/elles _____

- [ ] Present
- [ ] Imperfect
- [ ] Future
- [ ] Conditional
- [ ] Subjunctive

Verb

je _____ nous _____

tu _____ vous _____

il/elle/on _____ ils/elles _____

- [ ] Present
- [ ] Imperfect
- [ ] Future
- [ ] Conditional
- [ ] Subjunctive

Verb

je _____ nous _____

tu _____ vous _____

il/elle/on _____ ils/elles _____

- [ ] Present
- [ ] Imperfect
- [ ] Future
- [ ] Conditional
- [ ] Subjunctive

Verb

je _____ nous _____

tu _____ vous _____

il/elle/on _____ ils/elles _____

- [ ] Present
- [ ] Imperfect
- [ ] Future
- [ ] Conditional
- [ ] Subjunctive

Verb

je _____ nous _____

tu _____ vous _____

il/elle/on _____ ils/elles _____

- [ ] Present
- [ ] Imperfect
- [ ] Future
- [ ] Conditional
- [ ] Subjunctive

Verb

je _____   nous _____

tu _____   vous _____

il/elle/on _____   ils/elles _____

- ☐ Present
- ☐ Imperfect
- ☐ Future
- ☐ Conditional
- ☐ Subjunctive

Verb

je _____   nous _____

tu _____   vous _____

il/elle/on _____   ils/elles _____

- ☐ Present
- ☐ Imperfect
- ☐ Future
- ☐ Conditional
- ☐ Subjunctive

Verb

je _____   nous _____

tu _____   vous _____

il/elle/on _____   ils/elles _____

- ☐ Present
- ☐ Imperfect
- ☐ Future
- ☐ Conditional
- ☐ Subjunctive

Verb

je _____   nous _____

tu _____   vous _____

il/elle/on _____   ils/elles _____

- ☐ Present
- ☐ Imperfect
- ☐ Future
- ☐ Conditional
- ☐ Subjunctive

Verb

je _____ nous _____

tu _____ vous _____

il/elle/on _____ ils/elles _____

- ☐ Present
- ☐ Imperfect
- ☐ Future
- ☐ Conditional
- ☐ Subjunctive

Verb

je _____ nous _____

tu _____ vous _____

il/elle/on _____ ils/elles _____

- ☐ Present
- ☐ Imperfect
- ☐ Future
- ☐ Conditional
- ☐ Subjunctive

Verb

je _____ nous _____

tu _____ vous _____

il/elle/on _____ ils/elles _____

- ☐ Present
- ☐ Imperfect
- ☐ Future
- ☐ Conditional
- ☐ Subjunctive

Verb

je _____ nous _____

tu _____ vous _____

il/elle/on _____ ils/elles _____

- ☐ Present
- ☐ Imperfect
- ☐ Future
- ☐ Conditional
- ☐ Subjunctive

Verb

je _____ nous _____

tu _____ vous _____

il/elle/on _____ ils/elles _____

- ☐ Present
- ☐ Imperfect
- ☐ Future
- ☐ Conditional
- ☐ Subjunctive

Verb

je _____ nous _____

tu _____ vous _____

il/elle/on _____ ils/elles _____

- ☐ Present
- ☐ Imperfect
- ☐ Future
- ☐ Conditional
- ☐ Subjunctive

Verb

je _____ nous _____

tu _____ vous _____

il/elle/on _____ ils/elles _____

- ☐ Present
- ☐ Imperfect
- ☐ Future
- ☐ Conditional
- ☐ Subjunctive

Verb

je _____ nous _____

tu _____ vous _____

il/elle/on _____ ils/elles _____

- ☐ Present
- ☐ Imperfect
- ☐ Future
- ☐ Conditional
- ☐ Subjunctive

Verb

je _____ nous _____

tu _____ vous _____

il/elle/on _____ ils/elles _____

- ☐ Present
- ☐ Imperfect
- ☐ Future
- ☐ Conditional
- ☐ Subjunctive

Verb

je _____ nous _____

tu _____ vous _____

il/elle/on _____ ils/elles _____

- ☐ Present
- ☐ Imperfect
- ☐ Future
- ☐ Conditional
- ☐ Subjunctive

Verb

je _____ nous _____

tu _____ vous _____

il/elle/on _____ ils/elles _____

- ☐ Present
- ☐ Imperfect
- ☐ Future
- ☐ Conditional
- ☐ Subjunctive

Verb

je _____ nous _____

tu _____ vous _____

il/elle/on _____ ils/elles _____

- ☐ Present
- ☐ Imperfect
- ☐ Future
- ☐ Conditional
- ☐ Subjunctive

Verb

je _____ nous _____

tu _____ vous _____

il/elle/on _____ ils/elles _____

- ☐ Present
- ☐ Imperfect
- ☐ Future
- ☐ Conditional
- ☐ Subjunctive

Verb

je _____ nous _____

tu _____ vous _____

il/elle/on _____ ils/elles _____

- ☐ Present
- ☐ Imperfect
- ☐ Future
- ☐ Conditional
- ☐ Subjunctive

Verb

je _____ nous _____

tu _____ vous _____

il/elle/on _____ ils/elles _____

- ☐ Present
- ☐ Imperfect
- ☐ Future
- ☐ Conditional
- ☐ Subjunctive

Verb

je _____ nous _____

tu _____ vous _____

il/elle/on _____ ils/elles _____

- ☐ Present
- ☐ Imperfect
- ☐ Future
- ☐ Conditional
- ☐ Subjunctive

Verb

je _____ nous _____

tu _____ vous _____

il/elle/on _____ ils/elles _____

- ☐ Present
- ☐ Imperfect
- ☐ Future
- ☐ Conditional
- ☐ Subjunctive

Verb

je _____ nous _____

tu _____ vous _____

il/elle/on _____ ils/elles _____

- ☐ Present
- ☐ Imperfect
- ☐ Future
- ☐ Conditional
- ☐ Subjunctive

Verb

je _____ nous _____

tu _____ vous _____

il/elle/on _____ ils/elles _____

- ☐ Present
- ☐ Imperfect
- ☐ Future
- ☐ Conditional
- ☐ Subjunctive

Verb

je _____ nous _____

tu _____ vous _____

il/elle/on _____ ils/elles _____

- ☐ Present
- ☐ Imperfect
- ☐ Future
- ☐ Conditional
- ☐ Subjunctive

Verb

je _____ nous _____

tu _____ vous _____

il/elle/on _____ ils/elles _____

- ☐ Present
- ☐ Imperfect
- ☐ Future
- ☐ Conditional
- ☐ Subjunctive

Verb

je _____ nous _____

tu _____ vous _____

il/elle/on _____ ils/elles _____

- ☐ Present
- ☐ Imperfect
- ☐ Future
- ☐ Conditional
- ☐ Subjunctive

Verb

je _____ nous _____

tu _____ vous _____

il/elle/on _____ ils/elles _____

- ☐ Present
- ☐ Imperfect
- ☐ Future
- ☐ Conditional
- ☐ Subjunctive

Verb

je _____ nous _____

tu _____ vous _____

il/elle/on _____ ils/elles _____

- ☐ Present
- ☐ Imperfect
- ☐ Future
- ☐ Conditional
- ☐ Subjunctive

Verb

je _____ nous _____

tu _____ vous _____

il/elle/on _____ ils/elles _____

- ☐ Present
- ☐ Imperfect
- ☐ Future
- ☐ Conditional
- ☐ Subjunctive

Verb

je _____ nous _____

tu _____ vous _____

il/elle/on _____ ils/elles _____

- ☐ Present
- ☐ Imperfect
- ☐ Future
- ☐ Conditional
- ☐ Subjunctive

Verb

je _____ nous _____

tu _____ vous _____

il/elle/on _____ ils/elles _____

- ☐ Present
- ☐ Imperfect
- ☐ Future
- ☐ Conditional
- ☐ Subjunctive

Verb

je _____ nous _____

tu _____ vous _____

il/elle/on _____ ils/elles _____

- ☐ Present
- ☐ Imperfect
- ☐ Future
- ☐ Conditional
- ☐ Subjunctive

Verb

je _____ nous _____

tu _____ vous _____

il/elle/on _____ ils/elles _____

- ☐ Present
- ☐ Imperfect
- ☐ Future
- ☐ Conditional
- ☐ Subjunctive

Verb

je _____ nous _____

tu _____ vous _____

il/elle/on _____ ils/elles _____

- ☐ Present
- ☐ Imperfect
- ☐ Future
- ☐ Conditional
- ☐ Subjunctive

Verb

je _____ nous _____

tu _____ vous _____

il/elle/on _____ ils/elles _____

- ☐ Present
- ☐ Imperfect
- ☐ Future
- ☐ Conditional
- ☐ Subjunctive

Verb

je _____ nous _____

tu _____ vous _____

il/elle/on _____ ils/elles _____

- ☐ Present
- ☐ Imperfect
- ☐ Future
- ☐ Conditional
- ☐ Subjunctive

Verb _____

je _____ nous _____

tu _____ vous _____

il/elle/on _____ ils/elles _____

- ☐ Present
- ☐ Imperfect
- ☐ Future
- ☐ Conditional
- ☐ Subjunctive

Verb _____

je _____ nous _____

tu _____ vous _____

il/elle/on _____ ils/elles _____

- ☐ Present
- ☐ Imperfect
- ☐ Future
- ☐ Conditional
- ☐ Subjunctive

Verb _____

je _____ nous _____

tu _____ vous _____

il/elle/on _____ ils/elles _____

- ☐ Present
- ☐ Imperfect
- ☐ Future
- ☐ Conditional
- ☐ Subjunctive

Verb _____

je _____ nous _____

tu _____ vous _____

il/elle/on _____ ils/elles _____

93

- ☐ Present
- ☐ Imperfect
- ☐ Future
- ☐ Conditional
- ☐ Subjunctive

Verb

je _____   nous _____

tu _____   vous _____

il/elle/on _____   ils/elles _____

- ☐ Present
- ☐ Imperfect
- ☐ Future
- ☐ Conditional
- ☐ Subjunctive

Verb

je _____   nous _____

tu _____   vous _____

il/elle/on _____   ils/elles _____

- ☐ Present
- ☐ Imperfect
- ☐ Future
- ☐ Conditional
- ☐ Subjunctive

Verb

je _____   nous _____

tu _____   vous _____

il/elle/on _____   ils/elles _____

- ☐ Present
- ☐ Imperfect
- ☐ Future
- ☐ Conditional
- ☐ Subjunctive

Verb

je _____   nous _____

tu _____   vous _____

il/elle/on _____   ils/elles _____

- ☐ Present
- ☐ Imperfect
- ☐ Future
- ☐ Conditional
- ☐ Subjunctive

Verb

je _____ nous _____

tu _____ vous _____

il/elle/on _____ ils/elles _____

- ◯ Present
- ◯ Imperfect
- ◯ Future
- ◯ Conditional
- ◯ Subjunctive

Verb

je _____ nous _____

tu _____ vous _____

il/elle/on _____ ils/elles _____

- ◯ Present
- ◯ Imperfect
- ◯ Future
- ◯ Conditional
- ◯ Subjunctive

Verb

je _____ nous _____

tu _____ vous _____

il/elle/on _____ ils/elles _____

- ◯ Present
- ◯ Imperfect
- ◯ Future
- ◯ Conditional
- ◯ Subjunctive

Verb

je _____ nous _____

tu _____ vous _____

il/elle/on _____ ils/elles _____

- ◯ Present
- ◯ Imperfect
- ◯ Future
- ◯ Conditional
- ◯ Subjunctive

Verb

je _____ nous _____

tu _____ vous _____

il/elle/on _____ ils/elles _____

- ☐ Present
- ☐ Imperfect
- ☐ Future
- ☐ Conditional
- ☐ Subjunctive

Verb

je _____ nous _____

tu _____ vous _____

il/elle/on _____ ils/elles _____

- ☐ Present
- ☐ Imperfect
- ☐ Future
- ☐ Conditional
- ☐ Subjunctive

Verb

je _____ nous _____

tu _____ vous _____

il/elle/on _____ ils/elles _____

- ☐ Present
- ☐ Imperfect
- ☐ Future
- ☐ Conditional
- ☐ Subjunctive

Verb

je _____ nous _____

tu _____ vous _____

il/elle/on _____ ils/elles _____

- ☐ Present
- ☐ Imperfect
- ☐ Future
- ☐ Conditional
- ☐ Subjunctive

Verb

je _____ nous _____

tu _____ vous _____

il/elle/on _____ ils/elles _____

- ☐ Present
- ☐ Imperfect
- ☐ Future
- ☐ Conditional
- ☐ Subjunctive

Verb

je _____ nous _____

tu _____ vous _____

il/elle/on _____ ils/elles _____

- ☐ Present
- ☐ Imperfect
- ☐ Future
- ☐ Conditional
- ☐ Subjunctive

Verb

je _____ nous _____

tu _____ vous _____

il/elle/on _____ ils/elles _____

- ☐ Present
- ☐ Imperfect
- ☐ Future
- ☐ Conditional
- ☐ Subjunctive

Verb

je _____ nous _____

tu _____ vous _____

il/elle/on _____ ils/elles _____

- ☐ Present
- ☐ Imperfect
- ☐ Future
- ☐ Conditional
- ☐ Subjunctive

Verb

je _____ nous _____

tu _____ vous _____

il/elle/on _____ ils/elles _____

- ☐ Present
- ☐ Imperfect
- ☐ Future
- ☐ Conditional
- ☐ Subjunctive

Verb

je _____ nous _____

tu _____ vous _____

il/elle/on _____ ils/elles _____

- ☐ Present
- ☐ Imperfect
- ☐ Future
- ☐ Conditional
- ☐ Subjunctive

Verb

je _____ nous _____

tu _____ vous _____

il/elle/on _____ ils/elles _____

- ☐ Present
- ☐ Imperfect
- ☐ Future
- ☐ Conditional
- ☐ Subjunctive

Verb

je _____ nous _____

tu _____ vous _____

il/elle/on _____ ils/elles _____

- ☐ Present
- ☐ Imperfect
- ☐ Future
- ☐ Conditional
- ☐ Subjunctive

Verb

je _____   nous _____

tu _____   vous _____

il/elle/on _____   ils/elles _____

- ☐ Present
- ☐ Imperfect
- ☐ Future
- ☐ Conditional
- ☐ Subjunctive

Verb

je _____   nous _____

tu _____   vous _____

il/elle/on _____   ils/elles _____

- ☐ Present
- ☐ Imperfect
- ☐ Future
- ☐ Conditional
- ☐ Subjunctive

Verb

je _____   nous _____

tu _____   vous _____

il/elle/on _____   ils/elles _____

- ☐ Present
- ☐ Imperfect
- ☐ Future
- ☐ Conditional
- ☐ Subjunctive

Verb

je _____   nous _____

tu _____   vous _____

il/elle/on _____   ils/elles _____

- ☐ Present
- ☐ Imperfect
- ☐ Future
- ☐ Conditional
- ☐ Subjunctive

Verb

je _____   nous _____

tu _____   vous _____

il/elle/on _____   ils/elles _____

- ☐ Present
- ☐ Imperfect
- ☐ Future
- ☐ Conditional
- ☐ Subjunctive

Verb

je _____   nous _____

tu _____   vous _____

il/elle/on _____   ils/elles _____

- ☐ Present
- ☐ Imperfect
- ☐ Future
- ☐ Conditional
- ☐ Subjunctive

Verb

je _____   nous _____

tu _____   vous _____

il/elle/on _____   ils/elles _____

- ☐ Present
- ☐ Imperfect
- ☐ Future
- ☐ Conditional
- ☐ Subjunctive

Verb

je _____   nous _____

tu _____   vous _____

il/elle/on _____   ils/elles _____

- ☐ Present
- ☐ Imperfect
- ☐ Future
- ☐ Conditional
- ☐ Subjunctive

Verb

je _____   nous _____

tu _____   vous _____

il/elle/on _____   ils/elles _____

- ☐ Present
- ☐ Imperfect
- ☐ Future
- ☐ Conditional
- ☐ Subjunctive

Verb

je _____   nous _____

tu _____   vous _____

il/elle/on _____   ils/elles _____

- ☐ Present
- ☐ Imperfect
- ☐ Future
- ☐ Conditional
- ☐ Subjunctive

Verb

je _____   nous _____

tu _____   vous _____

il/elle/on _____   ils/elles _____

- ☐ Present
- ☐ Imperfect
- ☐ Future
- ☐ Conditional
- ☐ Subjunctive

Verb

je _____   nous _____

tu _____   vous _____

il/elle/on _____   ils/elles _____

- ☐ Present
- ☐ Imperfect
- ☐ Future
- ☐ Conditional
- ☐ Subjunctive

Verb

je _____ nous _____

tu _____ vous _____

il/elle/on _____ ils/elles _____

- ☐ Present
- ☐ Imperfect
- ☐ Future
- ☐ Conditional
- ☐ Subjunctive

Verb

je _____ nous _____

tu _____ vous _____

il/elle/on _____ ils/elles _____

- ☐ Present
- ☐ Imperfect
- ☐ Future
- ☐ Conditional
- ☐ Subjunctive

Verb

je _____ nous _____

tu _____ vous _____

il/elle/on _____ ils/elles _____

- ☐ Present
- ☐ Imperfect
- ☐ Future
- ☐ Conditional
- ☐ Subjunctive

Verb

je _____ nous _____

tu _____ vous _____

il/elle/on _____ ils/elles _____

- ☐ Present
- ☐ Imperfect
- ☐ Future
- ☐ Conditional
- ☐ Subjunctive

Verb

je _____   nous _____

tu _____   vous _____

il/elle/on _____   ils/elles _____

- [ ] Present
- [ ] Imperfect
- [ ] Future
- [ ] Conditional
- [ ] Subjunctive

Verb

je _____   nous _____

tu _____   vous _____

il/elle/on _____   ils/elles _____

- [ ] Present
- [ ] Imperfect
- [ ] Future
- [ ] Conditional
- [ ] Subjunctive

Verb

je _____   nous _____

tu _____   vous _____

il/elle/on _____   ils/elles _____

- [ ] Present
- [ ] Imperfect
- [ ] Future
- [ ] Conditional
- [ ] Subjunctive

Verb

je _____   nous _____

tu _____   vous _____

il/elle/on _____   ils/elles _____

- [ ] Present
- [ ] Imperfect
- [ ] Future
- [ ] Conditional
- [ ] Subjunctive

Verb

je _____ nous _____

tu _____ vous _____

il/elle/on _____ ils/elles _____

- ☐ Present
- ☐ Imperfect
- ☐ Future
- ☐ Conditional
- ☐ Subjunctive

Verb

je _____ nous _____

tu _____ vous _____

il/elle/on _____ ils/elles _____

- ☐ Present
- ☐ Imperfect
- ☐ Future
- ☐ Conditional
- ☐ Subjunctive

Verb

je _____ nous _____

tu _____ vous _____

il/elle/on _____ ils/elles _____

- ☐ Present
- ☐ Imperfect
- ☐ Future
- ☐ Conditional
- ☐ Subjunctive

Verb

je _____ nous _____

tu _____ vous _____

il/elle/on _____ ils/elles _____

- ☐ Present
- ☐ Imperfect
- ☐ Future
- ☐ Conditional
- ☐ Subjunctive

Verb

je _____ nous _____

tu _____ vous _____

il/elle/on _____ ils/elles _____

- [ ] Present
- [ ] Imperfect
- [ ] Future
- [ ] Conditional
- [ ] Subjunctive

Verb

je _____ nous _____

tu _____ vous _____

il/elle/on _____ ils/elles _____

- [ ] Present
- [ ] Imperfect
- [ ] Future
- [ ] Conditional
- [ ] Subjunctive

Verb

je _____ nous _____

tu _____ vous _____

il/elle/on _____ ils/elles _____

- [ ] Present
- [ ] Imperfect
- [ ] Future
- [ ] Conditional
- [ ] Subjunctive

Verb

je _____ nous _____

tu _____ vous _____

il/elle/on _____ ils/elles _____

- [ ] Present
- [ ] Imperfect
- [ ] Future
- [ ] Conditional
- [ ] Subjunctive

Verb

je _____   nous _____

tu _____   vous _____

il/elle/on _____   ils/elles _____

- ☐ Present
- ☐ Imperfect
- ☐ Future
- ☐ Conditional
- ☐ Subjunctive

Verb

je _____   nous _____

tu _____   vous _____

il/elle/on _____   ils/elles _____

- ☐ Present
- ☐ Imperfect
- ☐ Future
- ☐ Conditional
- ☐ Subjunctive

Verb

je _____   nous _____

tu _____   vous _____

il/elle/on _____   ils/elles _____

- ☐ Present
- ☐ Imperfect
- ☐ Future
- ☐ Conditional
- ☐ Subjunctive

Verb

je _____   nous _____

tu _____   vous _____

il/elle/on _____   ils/elles _____

- ☐ Present
- ☐ Imperfect
- ☐ Future
- ☐ Conditional
- ☐ Subjunctive

Verb

je _____ nous _____

tu _____ vous _____

il/elle/on _____ ils/elles _____

- ☐ Present
- ☐ Imperfect
- ☐ Future
- ☐ Conditional
- ☐ Subjunctive

Verb

je _____ nous _____

tu _____ vous _____

il/elle/on _____ ils/elles _____

- ☐ Present
- ☐ Imperfect
- ☐ Future
- ☐ Conditional
- ☐ Subjunctive

Verb

je _____ nous _____

tu _____ vous _____

il/elle/on _____ ils/elles _____

- ☐ Present
- ☐ Imperfect
- ☐ Future
- ☐ Conditional
- ☐ Subjunctive

Verb

je _____ nous _____

tu _____ vous _____

il/elle/on _____ ils/elles _____

- ☐ Present
- ☐ Imperfect
- ☐ Future
- ☐ Conditional
- ☐ Subjunctive

107

Verb

je _____   nous _____

tu _____   vous _____

il/elle/on _____   ils/elles _____

- ☐ Present
- ☐ Imperfect
- ☐ Future
- ☐ Conditional
- ☐ Subjunctive

Verb

je _____   nous _____

tu _____   vous _____

il/elle/on _____   ils/elles _____

- ☐ Present
- ☐ Imperfect
- ☐ Future
- ☐ Conditional
- ☐ Subjunctive

Verb

je _____   nous _____

tu _____   vous _____

il/elle/on _____   ils/elles _____

- ☐ Present
- ☐ Imperfect
- ☐ Future
- ☐ Conditional
- ☐ Subjunctive

Verb

je _____   nous _____

tu _____   vous _____

il/elle/on _____   ils/elles _____

- ☐ Present
- ☐ Imperfect
- ☐ Future
- ☐ Conditional
- ☐ Subjunctive

Verb

je _____ nous _____

tu _____ vous _____

il/elle/on _____ ils/elles _____

- [ ] Present
- [ ] Imperfect
- [ ] Future
- [ ] Conditional
- [ ] Subjunctive

Verb

je _____ nous _____

tu _____ vous _____

il/elle/on _____ ils/elles _____

- [ ] Present
- [ ] Imperfect
- [ ] Future
- [ ] Conditional
- [ ] Subjunctive

Verb

je _____ nous _____

tu _____ vous _____

il/elle/on _____ ils/elles _____

- [ ] Present
- [ ] Imperfect
- [ ] Future
- [ ] Conditional
- [ ] Subjunctive

Verb

je _____ nous _____

tu _____ vous _____

il/elle/on _____ ils/elles _____

109

- [ ] Present
- [ ] Imperfect
- [ ] Future
- [ ] Conditional
- [ ] Subjunctive

Verb

je _____   nous _____

tu _____   vous _____

il/elle/on _____   ils/elles _____

- ☐ Present
- ☐ Imperfect
- ☐ Future
- ☐ Conditional
- ☐ Subjunctive

Verb

je _____   nous _____

tu _____   vous _____

il/elle/on _____   ils/elles _____

- ☐ Present
- ☐ Imperfect
- ☐ Future
- ☐ Conditional
- ☐ Subjunctive

Verb

je _____   nous _____

tu _____   vous _____

il/elle/on _____   ils/elles _____

- ☐ Present
- ☐ Imperfect
- ☐ Future
- ☐ Conditional
- ☐ Subjunctive

Verb

je _____   nous _____

tu _____   vous _____

il/elle/on _____   ils/elles _____

- ☐ Present
- ☐ Imperfect
- ☐ Future
- ☐ Conditional
- ☐ Subjunctive

Verb

je _____   nous _____

tu _____   vous _____

il/elle/on _____   ils/elles _____

☐ Present
☐ Imperfect
☐ Future
☐ Conditional
☐ Subjunctive

Verb

je _____   nous _____

tu _____   vous _____

il/elle/on _____   ils/elles _____

☐ Present
☐ Imperfect
☐ Future
☐ Conditional
☐ Subjunctive

Verb

je _____   nous _____

tu _____   vous _____

il/elle/on _____   ils/elles _____

☐ Present
☐ Imperfect
☐ Future
☐ Conditional
☐ Subjunctive

Verb

je _____   nous _____

tu _____   vous _____

il/elle/on _____   ils/elles _____

☐ Present
☐ Imperfect
☐ Future
☐ Conditional
☐ Subjunctive

111

Verb

je _____ nous _____

tu _____ vous _____

il/elle/on _____ ils/elles _____

- ☐ Present
- ☐ Imperfect
- ☐ Future
- ☐ Conditional
- ☐ Subjunctive

Verb

je _____ nous _____

tu _____ vous _____

il/elle/on _____ ils/elles _____

- ☐ Present
- ☐ Imperfect
- ☐ Future
- ☐ Conditional
- ☐ Subjunctive

Verb

je _____ nous _____

tu _____ vous _____

il/elle/on _____ ils/elles _____

- ☐ Present
- ☐ Imperfect
- ☐ Future
- ☐ Conditional
- ☐ Subjunctive

Verb

je _____ nous _____

tu _____ vous _____

il/elle/on _____ ils/elles _____

- ☐ Present
- ☐ Imperfect
- ☐ Future
- ☐ Conditional
- ☐ Subjunctive

Verb _____

je _____   nous _____

tu _____   vous _____

il/elle/on _____   ils/elles _____

- ☐ Present
- ☐ Imperfect
- ☐ Future
- ☐ Conditional
- ☐ Subjunctive

Verb _____

je _____   nous _____

tu _____   vous _____

il/elle/on _____   ils/elles _____

- ☐ Present
- ☐ Imperfect
- ☐ Future
- ☐ Conditional
- ☐ Subjunctive

Verb _____

je _____   nous _____

tu _____   vous _____

il/elle/on _____   ils/elles _____

- ☐ Present
- ☐ Imperfect
- ☐ Future
- ☐ Conditional
- ☐ Subjunctive

Verb _____

je _____   nous _____

tu _____   vous _____

il/elle/on _____   ils/elles _____

- ☐ Present
- ☐ Imperfect
- ☐ Future
- ☐ Conditional
- ☐ Subjunctive

113

Verb

je _____   nous _____

tu _____   vous _____

il/elle/on _____   ils/elles _____

- ☐ Present
- ☐ Imperfect
- ☐ Future
- ☐ Conditional
- ☐ Subjunctive

Verb

je _____   nous _____

tu _____   vous _____

il/elle/on _____   ils/elles _____

- ☐ Present
- ☐ Imperfect
- ☐ Future
- ☐ Conditional
- ☐ Subjunctive

Verb

je _____   nous _____

tu _____   vous _____

il/elle/on _____   ils/elles _____

- ☐ Present
- ☐ Imperfect
- ☐ Future
- ☐ Conditional
- ☐ Subjunctive

Verb

je _____   nous _____

tu _____   vous _____

il/elle/on _____   ils/elles _____

- ☐ Present
- ☐ Imperfect
- ☐ Future
- ☐ Conditional
- ☐ Subjunctive

Verb

je _____   nous _____

tu _____   vous _____

il/elle/on _____   ils/elles _____

- ◯ Present
- ◯ Imperfect
- ◯ Future
- ◯ Conditional
- ◯ Subjunctive

Verb

je _____   nous _____

tu _____   vous _____

il/elle/on _____   ils/elles _____

- ◯ Present
- ◯ Imperfect
- ◯ Future
- ◯ Conditional
- ◯ Subjunctive

Verb

je _____   nous _____

tu _____   vous _____

il/elle/on _____   ils/elles _____

- ◯ Present
- ◯ Imperfect
- ◯ Future
- ◯ Conditional
- ◯ Subjunctive

Verb

je _____   nous _____

tu _____   vous _____

il/elle/on _____   ils/elles _____

- ◯ Present
- ◯ Imperfect
- ◯ Future
- ◯ Conditional
- ◯ Subjunctive

Verb

je _____ nous _____

tu _____ vous _____

il/elle/on _____ ils/elles _____

- ☐ Present
- ☐ Imperfect
- ☐ Future
- ☐ Conditional
- ☐ Subjunctive

Verb

je _____ nous _____

tu _____ vous _____

il/elle/on _____ ils/elles _____

- ☐ Present
- ☐ Imperfect
- ☐ Future
- ☐ Conditional
- ☐ Subjunctive

Verb

je _____ nous _____

tu _____ vous _____

il/elle/on _____ ils/elles _____

- ☐ Present
- ☐ Imperfect
- ☐ Future
- ☐ Conditional
- ☐ Subjunctive

Verb

je _____ nous _____

tu _____ vous _____

il/elle/on _____ ils/elles _____

- ☐ Present
- ☐ Imperfect
- ☐ Future
- ☐ Conditional
- ☐ Subjunctive

Verb

je _____   nous _____

tu _____   vous _____

il/elle/on _____   ils/elles _____

- ☐ Present
- ☐ Imperfect
- ☐ Future
- ☐ Conditional
- ☐ Subjunctive

Verb

je _____   nous _____

tu _____   vous _____

il/elle/on _____   ils/elles _____

- ☐ Present
- ☐ Imperfect
- ☐ Future
- ☐ Conditional
- ☐ Subjunctive

Verb

je _____   nous _____

tu _____   vous _____

il/elle/on _____   ils/elles _____

- ☐ Present
- ☐ Imperfect
- ☐ Future
- ☐ Conditional
- ☐ Subjunctive

Verb

je _____   nous _____

tu _____   vous _____

il/elle/on _____   ils/elles _____

- ☐ Present
- ☐ Imperfect
- ☐ Future
- ☐ Conditional
- ☐ Subjunctive

Verb

je _____ nous _____

tu _____ vous _____

il/elle/on _____ ils/elles _____

- ☐ Present
- ☐ Imperfect
- ☐ Future
- ☐ Conditional
- ☐ Subjunctive

Verb

je _____ nous _____

tu _____ vous _____

il/elle/on _____ ils/elles _____

- ☐ Present
- ☐ Imperfect
- ☐ Future
- ☐ Conditional
- ☐ Subjunctive

Verb

je _____ nous _____

tu _____ vous _____

il/elle/on _____ ils/elles _____

- ☐ Present
- ☐ Imperfect
- ☐ Future
- ☐ Conditional
- ☐ Subjunctive

Verb

je _____ nous _____

tu _____ vous _____

il/elle/on _____ ils/elles _____

- ☐ Present
- ☐ Imperfect
- ☐ Future
- ☐ Conditional
- ☐ Subjunctive

Verb _____

je _____   nous _____

tu _____   vous _____

il/elle/on _____   ils/elles _____

- ☐ Present
- ☐ Imperfect
- ☐ Future
- ☐ Conditional
- ☐ Subjunctive

Verb _____

je _____   nous _____

tu _____   vous _____

il/elle/on _____   ils/elles _____

- ☐ Present
- ☐ Imperfect
- ☐ Future
- ☐ Conditional
- ☐ Subjunctive

Verb _____

je _____   nous _____

tu _____   vous _____

il/elle/on _____   ils/elles _____

- ☐ Present
- ☐ Imperfect
- ☐ Future
- ☐ Conditional
- ☐ Subjunctive

Verb _____

je _____   nous _____

tu _____   vous _____

il/elle/on _____   ils/elles _____

- ☐ Present
- ☐ Imperfect
- ☐ Future
- ☐ Conditional
- ☐ Subjunctive

Verb

je _____ nous _____

tu _____ vous _____

il/elle/on _____ ils/elles _____

☐ Present
☐ Imperfect
☐ Future
☐ Conditional
☐ Subjunctive

Verb

je _____ nous _____

tu _____ vous _____

il/elle/on _____ ils/elles _____

☐ Present
☐ Imperfect
☐ Future
☐ Conditional
☐ Subjunctive

Verb

je _____ nous _____

tu _____ vous _____

il/elle/on _____ ils/elles _____

☐ Present
☐ Imperfect
☐ Future
☐ Conditional
☐ Subjunctive

Verb

je _____ nous _____

tu _____ vous _____

il/elle/on _____ ils/elles _____

☐ Present
☐ Imperfect
☐ Future
☐ Conditional
☐ Subjunctive

Made in United States
North Haven, CT
08 December 2021

12230576R00070